Für Herrn Professor
Harald Seubert
in dankbarer Erinnerung
an Ihre wunderbare
Rezension meines
Heideggerbandes (GA 80.2)
zur Weihnacht 2020,
mit herzlichen Grüßen
Ihr
Günther Neumann

Günther Neumann

Heidegger und Leibniz

Günther Neumann

Heidegger und Leibniz

Das Denken Martin Heideggers
II 2

herausgegeben von
Hans-Christian Günther

Bibliografische Information der Deutschen Nationalbibliothek:
Die Deutsche Nationalbibliothek verzeichnet diese Publikation in
der Deutschen Nationalbibliografie; detaillierte bibliografische
Daten sind im Internet über ‹http://www.dnb.de› abrufbar.

Coverfoto:

https://commons.m.wikimedia.org/wiki/File:Portret_van_Gottfried_Wilhelm_Lei
bniz,_RP-P-1938-530.jpg#mw-jump-to-license

Nachweis: Gottfried Wilhelm Leibniz, Stich von Johann Elias Haid

© Verlag Traugott Bautz GmbH
99734 Nordhausen 2020
ISBN 978-3-95948-493-0

Geleitwort

Dass ein Handbuch ausschließlich dem *Denken* Martin Heideggers gewidmet wird, ist eine nicht hoch genug einzuschätzende Entscheidung der Herausgeber. Dadurch unterscheidet sich dieses Handbuch von den bereits erschienenen Handbüchern grundsätzlich.

Der thematische Bereich aus dem hier vorgelegten Handbuch ist das denkende Gespräch Heideggers auf seinem von immanenten Wandlungen bestimmten Weg mit dem Denken von Gottfried Wilhelm Leibniz. Günther Neumann unterscheidet daher drei Hauptphasen von Heideggers Leibniz-Rezeption gemäß den drei Abschnitten von Heideggers Denkweg: erstens die Leibniz-Rezeption im Umkreis der Fundamentalontologie von *Sein und Zeit*, zweitens Heideggers Leibniz-Rezeption im Übergang von der Fundamentalontologie zum Ereignis-Denken in der ersten Hälfte der dreißiger Jahre des 20. Jahrhunderts und drittens Heideggers Leibniz-Rezeption, beginnend in der zweiten Hälfte der dreißiger Jahre auf dem Boden der Seinsgeschichte, d. h. des mit den *Beiträgen zur Philosophie (Vom Ereignis)* sich entfaltenden Ereignis-Denkens. Diese drei Hauptphasen von Heideggers Zuwendung zu Leibniz sind vom Verfasser mit sicherem hermeneutischen Gespür herausgehoben und nicht nur philosophie-historisch dargestellt, sondern mitphilosophierend erläutert.

Zu dieser übernommenen Aufgabe, Heideggers denkerisches Gespräch mit dem Denken von Leibniz im Ganzen herauszuarbeiten, war und ist Günther Neumann auf das gründlichste vorbereitet gewesen durch seine vorbildliche Edition von Heideggers Leibniz-Seminaren innerhalb der Gesamtausgabe sowie durch seine systematische Monographie zum Freiheitsbegriff bei Leibniz und Heidegger als Band 97 der „Philosophischen Schriften" im Berliner Verlag Duncker & Humblot. Der Text *Heidegger und Leibniz* ist mit höchster philologischer Akribie verfasst, dem Gegenstück zur mathematisch-physikalischen Exaktheit, über die der Verfasser als promovierter Mathematiker und Physiker ebenfalls verfügt.

Ich wünsche dieser philosophischen Monographie eine gute Aufnahme bei den Lesern, die dem hier vom Verfasser Vorgelegten entnehmen können, was es heißt, die Gedankenzüge Martin Heideggers nur streng systematisch aufzunehmen und sich aller nichtphilosophischer Zugänge strikt zu enthalten.

Freiburg i. Br., im August 2020   F.-W. v. Herrmann

Inhalt

Inhalt

§ 1 Einleitung

a) Der Leitfaden von Heideggers Leibniz-Auslegung

Seit seiner Marburger Vorlesung *Geschichte der Philosophie von Thomas von Aquin bis Kant* vom Wintersemester 1926/27 und insbesondere der letzten Marburger Vorlesung *Metaphysische Anfangsgründe der Logik im Ausgang von Leibniz* vom Sommersemester 1928 hat sich Heidegger immer wieder intensiv mit Leibniz auseinandergesetzt.[1] Für Heideggers Leibniz-Auslegung gilt in gewisser Weise das, was Jochen Schlüter in seiner Heidelberger Dissertation zur Parmenides-Auslegung bemerkt: „Mit dem Wandel von H[eidegger]s Erfahrungen von Sein, Denken, Wahrheit usw. wandelte sich, wie sich immer wieder zeigte, entsprechend auch seine Parmenidesauslegung."[2] In seinem Brief an Elisabeth Blochmann vom 20. Dezember 1935 bemerkt Heidegger: „L[eibniz] gehört auch noch zu denen, die für die Philosophie erobert werden müssen."[3] Diese Briefstelle verdeutlicht auch, dass Leibniz – nun auf dem Boden des sich ab 1931/32 anbahnenden seinsgeschichtlichen oder Ereignis-Denkens, der vielberufenen „Kehre"[4] – in gewandelter Weise ausgelegt und angeeignet werden muss. Heideggers Auslegung von Leibniz darf daher nicht als eine Art von philosophiehistorischer Betrachtung und Analyse angesehen werden. Er spricht gelegentlich sogar von der „Gewaltsamkeit" seiner Auslegungen.[5] Wie Heidegger in der sechsten Stunde seiner Freiburger Vorlesung *Was heißt Denken?* vom Sommersemester 1952 ausführt, gibt es keine „Auslegung, die beziehungslos, d. h. absolut gültig sein könnte".[6] Um in aller Kürze den Horizont für die folgenden Ausführungen geben zu können, sei an ein Wort von Heideggers Freiburger Kollegen Eugen Fink (1905–1975) erinnert, das sich zwar unmittelbar auf Hegel bezieht, aber in gleicher Weise für Heideggers Leibniz-Auslegung gilt:

---

[1] Vgl. u. a. Heidegger *GA* 23: 167–189; *GA* 26; *GA* 27: 142–145; *GA* 9: 79–101, 123–175; *GA* 84.1: 389–530, 579–653, 752–815; *GA* 88: 97–115, 124–127, 239–242; *GA* 66: 397–399; *GA* 80.2: 849–886; *GA* 6.2: 397–416; *GA* 10. Eine Gesamtübersicht der Leibniz-Stellen in der *Martin Heidegger Gesamtausgabe (GA)* und eine umfassende Bibliographie der Forschungsliteratur zu Heideggers Leibniz-Rezeption geben: Nicolás – Gómez Delgado – Escribano Cabeza (eds.) 2016: 191–206. Eine laufend aktualisierte Forschungsbibliographie zu Leibniz wird an der Gottfried Wilhelm Leibniz Bibliothek in Hannover erstellt (im Internet über: https://www.leibniz-bibliographie.de). Hinweise und Hilfsmittel zur Leibniz-Edition sind im Internet verfügbar über: https://leibnizedition.de
[2] Schlüter 1979: 203; vgl. Neumann 2006a, 2006b und 2009.
[3] Heidegger – Blochmann 1989: 87.
[4] Vgl. Herrmann 2019a: 156f.
[5] Heidegger *GA* 3: XVII.
[6] Heidegger *GA* 8: 181.

„Die Wucht der Auslegung, welche in scharfer Abwehr gängiger Hegel-
deutungen auf das Wesentliche der Gedankenführung zurückzwingt, stößt – wie
immer bei Heidegger – auch in das Ungesagte Hegels vor; die Auslegung gibt
nicht nur einen Nachvollzug, sie ist in einem höchsten Sinne Auseinandersetzung,
der Kampf zweier Denker [...].“[7]
Was das „Ungesagte“ bei Leibniz betrifft, kann als konkreter Leitfaden für die
weitere Untersuchung ein Wort aus den *Beiträgen zur Philosophie (Vom Ereignis)*
angeführt werden: „*Leibnizens* unergründliche Vielgestaltigkeit des Frageansatzes
sichtbar machen und doch statt der monas das Da-sein denken“.[8] Mit der „monas“
ist die Monade angesprochen, deren Einheitscharakter (griechisch μονάς) von
Leibniz selbst wie von Heidegger immer wieder herausgestellt wird. Dieser allgemeine Leitfaden lässt sich sowohl für Heideggers frühere Auslegung im Umkreis
von *Sein und Zeit* als auch für seine spätere Auslegung zugrunde legen. In dem
angeführten Zitat ist das Grundwort „Da-sein“, das von Heidegger in *Sein und Zeit*
als „reiner Seinsausdruck zur Bezeichnung dieses Seienden“,[9] d. h. des Menschen,
eingeführt wird, nicht zufällig mit Bindestrich geschrieben, insofern es nun im
Rahmen der *Beiträge zur Philosophie*, dem grundlegenden „Entwurf ‚Vom
Ereignis‘ “[10], nicht mehr aus der (transzendental-horizontalen) Blick- und Fragebahn der Fundamentalontologie von *Sein und Zeit* (Schreibweise in der Regel ohne
Bindestrich), sondern aus dem seinsgeschichtlichen oder Ereignis-Denken zu bestimmen ist.[11]

b) Die drei Hauptphasen von Heideggers Leibniz-Rezeption

Bevor auf Heideggers Auseinandersetzung mit Leibniz in Detail eingegangen wird,
soll ein Überblick über die drei Hauptphasen von Heideggers Leibniz-Auslegung
gegeben werden.[12] Eine *erste* eingehende Auslegung gibt diejenige Vorlesung, die
Leibniz schon im Titel nennt, nämlich die Vorlesung *Metaphysische Anfangsgründe der Logik im Ausgang von Leibniz* vom Sommersemester 1928. Der
zentrale § 5 dieser Vorlesung mit dem Titel „Die Wesensbestimmung des Seins des
eigentlich Seienden“, womit die Monade gemeint ist, betrachtet (gemäß der Unter-
teilung des Herausgebers) „Die Monade als Drang“ und „Die Struktur des
Dranges“. Der wesenhaft vorstellende Drang ist seiner Struktur nach selbst „aus-

---

[7] Fink 2004: 165; vgl. Neumann 2006b: 148–155; 2017: 30–32; 2019b: 91–93.
[8] Heidegger *GA* 65: 176. An einer anderen Stelle spricht Heidegger von der „Unerschöpflichkeit der
systematischen Kraft“ der Leibniz'schen Philosophie (Heidegger *GA* 42: 61).
[9] Heidegger *GA* 2: 17.
[10] Heidegger *GA* 66: 424.
[11] Vgl. Herrmann 2019a.
[12] Vgl. Neumann 2019a: 164–166.

greifend, ist *ekstatisch*".[13] Der Ausdruck Ekstase hängt mit dem Terminus „Existenz" zusammen: „Der vulgäre griechische Ausdruck ἐκστατικόν [ekstatikón] bedeutet das Aus-sich-heraustreten."[14] Der Terminus „Existenz" ist nicht im Sinne der überlieferten existentia (Vorhandensein) zu verstehen, ebenso wenig wie das deutsche Wort „Wesen" im Sinne der essentia gedacht werden darf. Vielmehr heißt es in § 9 von *Sein und Zeit*: *„Das ,Wesen' des Daseins liegt in seiner Existenz.*"[15] Die Ekstasen als Charaktere der Zeitlichkeit des Daseins sind Zukunft, Gewesenheit, Gegenwart: Zukünftig kommt das Dasein auf sich zu, als gewesendes kommt es auf sich zurück, gegenwärtigend lässt es das Seiende begegnen. In diesem „Auf-sich-zu", „Zurück-auf" und „Begegnenlassen von" offenbart sich „die Zeitlichkeit als das ἐκστατικόν [ekstatikón] schlechthin", als *„das ursprüngliche ,Außer-sich' an und für sich selbst*".[16] Daher kann Heidegger in der Vorlesung vom Sommersemester 1928 sagen: „Dem Drang selbst entspringt die Zeit."[17] Damit ergibt sich als konkreter Leitfaden für seine Auslegung in der ersten Hauptphase, was er an einer späteren Stelle der Vorlesung (§ 12) explizit darlegt:

„Es galt durch Hinweis auf die ekstatische und horizontale Wesensverfassung der Zeit als Zeitlichkeit auf die innere Möglichkeit der Transzendenz hinzuweisen. Wie nun diese Transzendenz konkreter zu bestimmen ist, das läßt sich nur aus dem Phänomen der Sorge exponieren. […]

[…] Unsere Auslegung der Monadologie war schon von der Interpretation des Daseins als Zeitlichkeit her geleitet, vor allem vom Einblick in das Wesen der Transzendenz. Wir können jetzt sagen, daß die Interpretation der Monadologie, wie ich sie gegeben habe, absichtlich übersteigert war […]."[18]

Was das Dasein als transzendierendes betrifft, sei eine Erläuterung von Friedrich-Wilhelm von Herrmann angeführt:

„Das Dasein ist in seinem seinsverstehenden Existieren transzendierend. Um sich zu Seiendem verhalten zu können, bedarf es des Transzendierens, des Über-

---

[13] Heidegger *GA* 26: 113.
[14] Heidegger *GA* 24: 377.
[15] Heidegger *GA* 2: 56.
[16] Heidegger *GA* 2: 435.
[17] Heidegger *GA* 26: 115.
[18] Heidegger *GA* 26: 270. Bereits in seinem Bewerbungsschreiben für die Marburger und die Göttinger Philosophische Fakultät vom Herbst 1922, das nun unter dem Titel ,Phänomenologische Interpretationen zu Aristoteles (Anzeige der hermeneutischen Situation)' als Anhang III in den Band 62 der Gesamtausgabe aufgenommen ist, schreibt Heidegger: „Jede Interpretation muß nach Blickstand und Blickrichtung ihren thematischen Gegenstand *überhellen*. Er wird erst angemessen bestimmbar, wenn es gelingt, ihn nicht beliebig, sondern aus dem zugänglichen Bestimmungsgehalt seiner her ihn zu scharf zu sehen und so durch Zurücknahme der Überhellung auf eine möglichst gegenstandsangemessene Ausgrenzung zurückzukommen." (Heidegger *GA* 62: 341–419, 372) Diese als sogenannter „Natorp-Bericht" bekannt gewordene Schrift gilt „als die Keimzelle von *Sein und Zeit*" (Figal 2016: 26).

steigens, des Überstiegs über das Seiende auf die Wahrheit des Seins hin, weil der daseinsmäßige Mensch nur von der Wahrheit des Seins her Seiendes *als* Seiendes in dessen Sein verstehen kann. Transzendenz heißt somit Transzendieren, Übersteigen, und das Übersteigen des Seienden auf die Wahrheit (Erschlossenheit) des Seins hin ist der Grundzug des seinsverstehenden Daseins. Woraufhin das Dasein je schon (a priori) das Seiende überstiegen hat, die Wahrheit des Seins, ist der Gesichtskreis des Verstehens, der Horizont. Zum Transzendieren als Wesensverfassung des Daseins gehört der Horizont, und umgekehrt, wo von Horizont die Rede ist, da gibt es auch die Transzendenz.

In ‚Sein und Zeit‘ und der darin ausgearbeiteten existenzial-ontologischen Daseins-Analytik ist es die Fragebahn von Transzendenz und Horizont, in der Heidegger die Frage nach der Wahrheit des Seins entfaltet. Wir können daher von der transzendental-horizontalen Fragebahn sprechen.“[19]

Wie wir sehen werden, besteht ein wesentlicher Unterschied zu den späteren Auslegungen (zweite und dritte Hauptphase) darin, dass das Da-sein nicht mehr im Sinne der Transzendenz gedacht wird.

Die *zweite* Hauptphase bilden Heideggers umfangreiche Aufzeichnungen zu seinem Freiburger Leibniz-Seminar vom Wintersemester 1935/36 zusammen mit den angefertigten und in den Seminarsitzungen verlesenen Protokollen sowie den erhaltenen Mitschriften. Im Unterschied zu anderen Texten, in denen jeweils nur einige ausgewählte Paragraphen (Abschnitte oder Artikel) der sogenannten ‚Monadologie‘ (1714) behandelt werden, gibt Heidegger in diesem Seminar, das der Verfasser im Jahre 2013 im Rahmen der Gesamtausgabe edierte, eine Gesamtinterpretation dieser Schrift. Auch wenn das Seminar unter dem Titel ‚Leibnizens Weltbegriff und der Deutsche Idealismus‘ angekündigt und abgehalten wurde, befasste es sich doch überwiegend mit der ‚Monadologie‘ und den zur Interpretation dieser späten Schrift von Leibniz noch herangezogenen Briefen und philosophischen Abhandlungen. Leibniz bildet nach Heideggers eigenen Aufzeichnungen das „Hauptgewicht“, der Deutsche Idealismus kommt nur „in wesentlichen Ausblicken“ zur Sprache.[20] Den „Leitfaden“ des Seminars bildet die ‚Monadologie‘.[21] Wie Heidegger in seinem bereits genannten Brief an Elisabeth Blochmann vom 20. Dezember 1935 schreibt, kommt im Rahmen seiner „Leibnizübungen“ in diesem Semester „nur ein Geringes von dem eigentlich Vorbereiteten zur Geltung“.[22] Zudem bleiben auch hier, wie er in dem Brief zu einer anderen Arbeit bemerkt, die „eigentlichen Hintergründe u. Bereiche [...] absichtlich verschwiegen“[23], womit er

---

[19] Herrmann 2019a: 19.
[20] Heidegger *GA* 84.1: 447.
[21] Heidegger *GA* 84.1: 447.
[22] Heidegger – Blochmann 1989: 87.
[23] Heidegger – Blochmann 1989: 87.

auf das sich entfaltende Ereignis-Denken anspielt. Hinweise zum Ereignis-Denken finden sich daher nur in Heideggers eigenen handschriftlichen Aufzeichnungen und fehlen in den Protokollen und Mitschriften. Solche Ausführungen wären für die Seminarteilnehmer noch unverständlich geblieben. Ein wesentlicher Unterschied zu der früheren Auslegung besteht darin, auch in dem abgehaltenen Seminar (nach den vorliegenden Protokollen und Mitschriften), dass das Da-sein nun nicht mehr im Sinne von Transzendenz und Horizont gedacht wird. Insgesamt steht dieses Seminar aus der Mitte der 1930er Jahre im *Übergang* von der transzendental-horizontalen Blickbahn zu der in den *Beiträgen zur Philosophie* (1936–1938) grundlegend ausgearbeiteten Ereignis-Blickbahn.

Die *dritte* Hauptphase findet ihren Niederschlag in mehreren Texten aus einem längeren Zeitraum, am deutlichsten und ausführlichsten in der Freiburger Vorlesung *Der Satz vom Grund* vom Wintersemester 1955/56. Auch wenn hier das Leibniz'sche principium reddendae rationis, „der Grundsatz des zuzustellenden Grundes"[24], im Zentrum steht, wird Leibniz in einen umfassenden seins- oder ereignisgeschichtlichen[25] Zusammenhang eingerückt, der sich als eine Epoche der Metaphysik enthüllt, in der sich „das Sein als Sein noch entschiedener entzieht"[26]. Die Ausführungen stehen im Horizont von Heideggers Besinnung auf das Wesen der modernen Technik, das er als das „Ge-Stell"[27] (auch Schreibweise „Ge-stell"[28]) bezeichnet.[29] So sagt er in der fünften Stunde der Vorlesung: „Das Denken von Leibniz trägt und prägt die Haupttendenz dessen, was wir, weit genug gedacht, die Metaphysik des modernen Zeitalters nennen können."[30] Heidegger spricht vom gegenwärtigen Zeitalter, das er mit Leibniz in Beziehung setzt, als demjenigen, „das man das Atomzeitalter nennt"[31]. Dieser gewandelte Blick auf Leibniz – auch seiner Monadenlehre – bahnte sich schon in Heideggers großer Auseinandersetzung mit Nietzsches Metaphysik an. In der dritten Stunde der Vorlesung *Der Satz vom Grund* heißt es: „Das erste und zwar metaphysische Gespräch mit Leibniz hat Schelling eingeleitet, es erstreckt sich bis in Nietzsches Lehre vom Willen zur Macht."[32] In diesem Sinne äußert sich Heidegger bereits in einem als Anhang zu

---

[24] Heidegger *GA* 10: 34.

[25] Den Begriff „ereignisgeschichtlich" prägt Heidegger selbst in den *Beiträgen zur Philosophie (Vom Ereignis)* (Heidegger *GA* 65: 495).

[26] Heidegger *GA* 10: 82.

[27] Heidegger *GA* 79: 24–45.

[28] Heidegger *GA* 7: 5–36, 20.

[29] In der Aufzeichnung Nr. 52 der *Anmerkungen VII* (1948/49–1951) seiner *Schwarzen Hefte* bringt Heidegger das sich noch verbergende „Wesen des Gestells" mit Leibniz' monadologisch gedachtem Kraftbegriff in Zusammenhang (Heidegger *GA* 98: 125f.).

[30] Heidegger *GA* 10: 51, vgl. 130.

[31] Heidegger *GA* 10: 51.

[32] Heidegger *GA* 10: 32; vgl. *GA* 42: 8, 165; *GA* 80.2: 659–678, 666, 849–886, 870f.; vgl. dazu Berg 2004.

seiner Freiburger Vorlesung *Nietzsche: Der Wille zur Macht als Kunst* vom Wintersemester 1936/37 aufgenommenen Text: „es sei einfach an Leibnizens Satz erinnert, wonach wir, was das ‚Sein' sei, nur erfahren im ‚ego', in uns selbst – wir selbst aber als monas sind vis (perceptio – appetitus), d. h. in der Folge dann Wille zur Macht."[33] Ähnlich äußert sich Heidegger auch in der im Jahr 1950 erstmals veröffentlichten Endversion des Textes ‚Nietzsches Wort ›Gott ist tot‹': „Innerhalb der neuzeitlichen Metaphysik denkt Leibniz zuerst das subiectum als ens percipiens et appetens. Er denkt im vis-Charakter des ens zum ersten Mal deutlich das Willenswesen des Seins des Seienden."[34] Es sei hier auf den Lyriker, Erzähler und kulturkritischen Essayisten Friedrich Georg Jünger (1898–1977), den jüngeren Bruder des Schriftstellers Ernst Jünger, verwiesen, auf den sich Heidegger zwar nicht im endgültigen Text seines Vortrags ‚Die Frage nach der Technik'[35] (1953) bezieht, sondern nur in einem vorangegangenen ‚Entwurf'[36]. Zu Nietzsches „Konzeption des Willens zur Macht" schreibt Jünger in seinem Werk *Die Perfektion der Technik* (1946):

„Die Willensphilosophie hat eigentümliche Voraussetzungen und Folgen. Es leuchtet zunächst ein, daß mit ihr jene älteren Vorstellungen von Perfektibilität, Harmonie und Balance unvereinbar sind. Denn dort, wo von dem Willen ausgegangen wird, gerät alles in Bewegung. [...] Die Darstellung eines überall wirksamen Willens zur Macht bleibt einseitig, solange nicht die Ermächtigung geprüft ist, die diesen Willen zur Macht erst glaubwürdig, wirksam und erfolgreich macht. Schon in der Überbewertung des Willens aber liegt etwas Zerstörendes."[37]

Man könnte sagen, dass Heidegger in seinem späteren Denken gerade die Frage nach der „Ermächtigung" des Willens stellt. In seinem Freiburger Seminar ‚Die metaphysischen Grundstellungen des abendländischen Denkens' vom Wintersemester 1937/38 sagt Heidegger zum ursprünglichen Wesen der Kraft (vis) bei Leibniz, dass darin schon das „nie Fertige, das Sichüberhöhen, die Ständigkeit des sich Überhöhens" liegt, worum sich dann „auch Nietzsches Lehre vom *Willen zur Macht*" bemüht.[38] Mit diesem gewandelten Blick auf Leibniz geht auch eine neue Beurteilung der für Leibniz' Metaphysik grundlegenden und wesentlichen Texte einher. In seinem vor einem Freiburger Professoren-Kränzchen gehaltenen Vortrag ‚Zur Geschichte des Existenzbegriffes' vom 7. Juni 1941 sagt Heidegger: „Der

---

[33] Heidegger *GA* 43: 287, vgl. 42.
[34] Heidegger *GA* 5: 209–267, 245.
[35] Heidegger *GA* 7: 5–36.
[36] Heidegger *GA* 80.2: 1091–1111, 1106.
[37] Jünger 2010: 169f.
[38] Heidegger *GA* 88: 1–144, 108, vgl. 242. Zum sogenannten „Hauptwerk" Nietzsches mit dem Titel *Der Wille zur Macht* vgl. Heidegger *GA* 43: 9–40; *GA* 44: 156–173; *GA* 47: 12–20; *GA* 6.1: 432–438. Eine von Heidegger abweichende Nietzsche-Interpretation wurde insbesondere von Wolfgang Müller-Lauter (1924–2001) vertreten (vgl. Müller-Lauter 1998–2000).

Versuch dient zur Entlastung der Interpretation von 24 Thesen, in denen Leibniz den Kern seiner ‚Metaphysik' dargestellt hat, welche Thesen kaum bekannt sind, an Tiefe und Vielschichtigkeit aber die sogenannte ‚Monadologie' und andere Schriften Leibnizens weit überragen."[39]

---

[39] Heidegger *GA* 80.2: 849–886, 851; vgl. *GA* 6.2: 406, 414–416 (Text der „24 Sätze"); *GA* 49: 199–203.

I

Die erste Hauptphase der Leibniz-Rezeption im Umkreis der Fundamentalontologie von *Sein und Zeit*

§ 2 Die Leibniz-Rezeption vor *Sein und Zeit*

a) Die Phänomene des Hanges und des Dranges nach der *Prolegomena*-Vorlesung vom Sommersemester 1925

Als erster Text wird Heideggers Marburger Vorlesung *Prolegomena zur Geschichte des Zeitbegriffs* vom Sommersemester 1925 in den Blick genommen, da hier der wichtige Begriff des *Dranges* im Zusammenhang mit der Explikation der ganzheitlichen Sorgeverfassung des Daseins eingeführt wird. Als Zeitraum, in dem die Abhandlung *Sein und Zeit* in seinem Denken „entstand", nennt Heidegger die Jahre 1922 bis 1926.[40] Den Druck der Abhandlung hat er nach seinem Brief an Karl Jaspers vom 24. April 1926 am 1. April desselben Jahres begonnen.[41] In seinem Brief vom 31. Juli 1926 teilt er Jaspers bereits mit, dass die Fakultät Anfang Juni den ersten Abschnitt (des ersten Teils) von *Sein und Zeit* in Reindruck in zwei Exemplaren dem Ministerium eingereicht hat.[42] Dieser erste Abschnitt trägt den Titel „Die vorbereitende Fundamentalanalyse des Daseins".[43] Das sechste und abschließende Kapitel dieses ersten Abschnittes lautet: „Die Sorge als Sein des Daseins". „Vorbereitend" ist die Fundamentalanalyse des Daseins im ersten Abschnitt, insofern sie der ursprünglichen Auslegung des Seins des Daseins im zweiten Abschnitt „Dasein und Zeitlichkeit" den Weg bereitet. Denn hier wird der im ersten Abschnitt noch verhüllt und unabgehoben gebliebene Seinssinn des Daseins als dessen sich zeitigende Zeitlichkeit freigelegt.[44] Die Vorlesung vom Sommersemester 1925 „ist eine frühe Fassung von ,Sein und Zeit', wenn auch die eigentliche Zeitlichkeitsthematik hier noch fehlt".[45]

Die Phänomene des *Dranges* und des *Hanges* werden in § 31 der Vorlesung mit dem Titel (des Herausgebers) „Die Sorge als das Sein des Daseins" eingeführt, der eine Vorform von § 41 von *Sein und Zeit* darstellt. Drang und Hang stehen in einem engen Zusammenhang mit der „Sorge". Hang und Drang sind für Heidegger

---

[40] Heidegger *GA* 66: 413.
[41] Heidegger – Jaspers 1990: 62.
[42] Heidegger – Jaspers 1990: 66.
[43] Zur vorgesehenen Gliederung des Gesamtwerks *Sein und Zeit* vgl. Heidegger *GA* 2: 53.
[44] Vgl. Herrmann 1991 und 2019b.
[45] Heidegger *GA* 20: 443–447 (Nachwort des Herausgebers), 444.

aber abkünftige und keine ursprünglichen Strukturmomente der dreigliedrig verfassten Sorge: „Sorge in der bezeichneten Struktur als Sich-vorweg-sein-im-schon-
-sein-bei etwas ist allererst die Bedingung der Möglichkeit für Drang und Hang,
und nicht umgekehrt setzt sich Sorge aus diesen beiden Phänomenen zusammen."[46]
In § 41 von *Sein und Zeit* gibt Heidegger dann die folgende Bestimmung der
Sorge: „Die formal existenziale Ganzheit des ontologischen Strukturganzen des
Daseins muß daher in folgender Struktur gefaßt werden: Das Sein des Daseins
besagt: Sich-vorweg-schon-sein-in-(der-Welt-) als Sein-bei (innerweltlich begegnendem Seienden). Dieses Sein erfüllt die Bedeutung des Titels *Sorge*, der rein
ontologisch-existenzial gebraucht wird."[47] Das „Sein-bei ..." als nur *ein* Strukturmoment der Sorge bezeichnet Heidegger als das „Besorgen".[48] Anders als später in
der Vorlesung vom Sommersemester 1928 wird das Phänomen des Dranges mit
dem Wort „Verdrängen" in Verbindung gebracht: „Als Drang verdrängt die Sorge.
Das Verdrängen betrifft hier die übrigen Strukturmomente, die in der Sorge mitgegeben sind, d. h. diese fallen nicht etwa weg und aus, sondern sie sind im Drang
als verdrängte da – *verdrängt*, das heißt immer, sofern das Dasein durch Entdecktheit bestimmt ist, *verdeckt*."[49] Im Drang existiert das Dasein im Seinsmodus der
Uneigentlichkeit, „kommt die volle Struktur der Sorge noch nicht in das eigentliche Sein"[50]. Im Drang liegt nämlich die Sorge im *Sich-vorweg-sein*, ist sie „ein
‚Hin-zu' etwas, was von ihm selbst her den Antrieb mitbringt"[51].
Der *Hang* ist zwar gleichfalls ein uneigentliches Modifikat der Sorge, aber er
unterscheidet sich vom Drang: „Im Hang liegt die Sorge, aber in anderen Strukturmomenten ihrer selbst, nämlich gerade in dem, was der Drang abdrängt: im Schon-
-sein-bei etwas. Wie im Drang eine spezifische Ausschließlichkeit des antriebsmäßigen ‚Nur hinzu um jeden Preis' liegt, so auch im Hang gleichfalls ein solches
‚Nur', nämlich ‚Nur-immer-schon-sein-bei etwas'."[52] Den Terminus „Hang" hat
Heidegger vermutlich der kantischen Philosophie entlehnt, vor allem der Schrift
Die Religion innerhalb der Grenzen der bloßen Vernunft (1793).[53] Der Terminus

---

[46] Heidegger *GA* 20: 409.
[47] Heidegger *GA* 2: 256; vgl. *GA* 20: 407f.
[48] Heidegger *GA* 2: 256; vgl. *GA* 20: 407.
[49] Heidegger *GA* 20: 409f.; vgl. *GA* 2: 257–260. Die Termini „Entdecktheit" (des nicht daseinsmäßigen Seienden) und „Erschlossenheit" (von Sein) sind in der Vorlesung noch nicht so fest umgrenzt wie später in *Sein und Zeit* (vgl. Heidegger *GA* 20: 349 Anm. 1, 444; *GA* 2: 51, 114 f., 293f.;
Vetter 2014: 257f., 262).
[50] Heidegger *GA* 20: 410.
[51] Heidegger *GA* 20: 409.
[52] Heidegger *GA* 20: 410.
[53] Kant 1968 (VI): 1–190, 28 ff.; vgl. Hildebrandt 2015: 43 ff. Nach seinem Seminarbuch hielt Heidegger im Sommersemester 1923 gemeinsam mit seinem Freiburger Kollegen Julius Ebbinghaus
(1885–1981) ein Kolloquium für Fortgeschrittene ‚Über die theologischen Grundlagen von Kant,

„Drang" wird hier zwar nicht explizit mit der Leibniz'schen Monadenlehre in Verbindung gebracht, aber der Begriff der Kraft (vis) wird bereits in § 22 der Vorlesung im Zusammenhang mit Leibniz' Kritik an Descartes' Bestimmung des Seins
der Natur und der Körper als Ausdehnung (extensio) genannt.[54] Die Termini
„Streben" und „Drang" werden dann in § 43 „Grundcharakter der monadologischen Ontologie" der Marburger Vorlesung *Geschichte der Philosophie von
Thomas von Aquin bis Kant* vom Wintersemester 1926/27 ausdrücklich als Übersetzung Leibniz'scher Grundbegriffe (appetition, appetit, appetitus; force primitive,
vis activa, vis agendi, conatus, nisus) eingeführt.[55] Hier heißt es u. a.: „In jeder
Perzeption als tendenziöser liegt der Drang zu einer neuen, jede Gegenwart trägt
die Zukunft im Schoß (Monadologie n. 22/3)."[56] Auch Heideggers Verweis auf die
Seinsweise des (nichtmenschlichen) Lebens in § 41 von *Sein und Zeit* könnte von
Leibniz' Monadenlehre mit beeinflusst sein:[57] „Das schließt nicht aus, daß Drang
und Hang ontologisch auch Seiendes konstituieren, das nur ,lebt'. Die ontologische
Grundverfassung von ,leben' ist jedoch ein eigenes Problem und nur auf dem
Wege reduktiver Privation aus der Ontologie des Daseins aufzurollen."[58]

b) Leibniz und Husserl als Ausgangspunkt der Kritik am Psychologismus in der *Logik*-Vorlesung vom Wintersemester 1925/26

In seiner Marburger Vorlesung *Logik. Die Frage nach der Wahrheit* vom
Wintersemester 1925/26 verweist Heidegger im Zusammenhang seiner Erörterung
von „Husserls Kritik des Psychologismus" (§ 7) auf Leibniz. Das eigentliche An-
liegen Heideggers wird im Untertitel der Vorlesung angezeigt: *Die Frage nach der
Wahrheit*. In § 9 stellt er die im Text hervorgehobene Frage: „*Wie wird im*

Religion innerhalb der Grenzen der bloßen Vernunft, nach ausgewählten Texten (mit Ebbinghaus)'
(Bremmers 2004: 476).
[54] Heidegger *GA* 20: 241, 244–246.
[55] Heidegger *GA* 23: 176–186. Auf Heideggers (später dargelegte) Unterscheidung von appetitus
(Streben) und vis activa (Drang) wird in § 4 a) bei der Erörterung der Vorlesung *Metaphysische
Anfangsgründe der Logik im Ausgang von Leibniz* noch eingegangen.
[56] Heidegger *GA* 23: 181 mit Anm. 18; vgl. Leibniz 1978 (VI): 607–623 (*Mon.*), 610; Übers. in:
Leibniz 2014: 111–151, 119/121.
[57] Auf Schelling, an dessen Begriff des Dranges in der Natur (vgl. Berg 2004; Booth 2000) man
ebenfalls denken könnte, wurde Heidegger vor allem von Karl Jaspers im Jahr 1926 aufmerksam
gemacht. In seinem Brief an Jaspers vom 24. April 1926 bedankt er sich für das Bändchen
Schellings Philosophie der Deutschen Bibliothek in Berlin (Braun (Hg.) 1918) und für das Exemplar
von Schellings „Abhandlung über die Freiheit" (Heidegger – Jaspers 1990: 62). Im Wintersemester
1927/28 hielt Heidegger dann in Marburg erstmals eine ,Phänomenologische Übung für Fortgeschrittene (Schelling, *Vom Wesen der menschlichen Freiheit*)' (Bremmers 2004: 483; vgl. Hühn –
Jantzen (Hg.) 2010).
[58] Heidegger *GA* 2: 257.

Psychologismus sowohl wie in seiner Kritik Wahrheit gefaßt? "[59] In § 7 der Vorlesung heißt es zu Edmund Husserls Kritik am Psychologismus:

„Um auch hier den Kern der Sache vorwegzunehmen: Der Psychologismus versucht logische Prinzipien aus Tatsachen zu beweisen, oder in Orientierung an Leibniz gesprochen, den Husserl ausdrücklich im Auge hat (I, 219[60]): verités de raison –Vernunftwahrheiten, Wahrheiten aus Begriffen, durch verités de fait – Tatsachenwahrheiten zu stützen."[61]

Wie Herman Leo Van Breda (1911–1974) darlegt, hat sich Husserl zwischen 1897 und 1905 durch eine gründliche Lektüre von Leibniz' *Nouveaux Essais sur l'Entendement humain* (1703–1705) dessen Argumente gegen den empirischen Psychologismus John Lockes angeeignet. Daher muss man bei Husserls Abwendung vom Psychologismus nach 1897 „denn auch unbedingt Leibniz' *Nouveaux Essais* eine bedeutende Rolle zuschreiben".[62]

Der „Grundfehler des Psychologismus" liegt auch für Heidegger darin, dass er, wenn er z. B. den Satz vom Widerspruch als eine Aussage über reale psychische Vorkommnisse auslegt, „blind ist gegenüber dem eigentlichen Sinn dieses Satzes, daß er etwas aussagt über ideales Sein, das Zusammen- und Nichtzusammengeltenkönnen von Wahrheiten".[63]

c) Die Hauptzüge der Leibniz'schen Philosophie
entsprechend der Vorlesung zur *Geschichte der Philosophie*
vom Wintersemester 1926/27

In seiner Marburger Vorlesung *Geschichte der Philosophie von Thomas von Aquin bis Kant* vom Wintersemester 1926/27 befasst sich der vierte Abschnitt mit Gottfried Wilhelm Leibniz. Die Vorlesung fiel in die Zeit des Abschlusses von *Sein und Zeit* und war für Heidegger wohl eher ein unerwünschtes Pflichtkolleg.[64] Auf einem beigefügten Zettel des Manuskripts der Vorlesung ist vermerkt: „Diese Vorlesung das erste durch sogenannte Unterrichtsnotwendigkeiten geforderte ‚übliche' Übersichtskolleg. Trotzdem wird versucht, die Hauptzüge der Geschichte der Philosophie von Thomas von Aquin bis Kant zu entwickeln."[65] Heidegger gibt hier ein teilweise nur stichwortartig ausgearbeitetes Referat zu Leibniz' Leben und Werk (§ 41), seiner Auffassung von Erkenntnis, Wahrheit und Sein (§ 42), zum „Grundcharakter der monadologischen Ontologie" (§ 43) und zur „Theodizee"

---

[59] Heidegger *GA* 21: 62.
[60] Husserl 1913 (= Husserl 1975: 222); vgl. Van Breda 1971.
[61] Heidegger *GA* 21: 45.
[62] Van Breda 1971: 141.
[63] Heidegger *GA* 21: 46f.
[64] Vgl. Heidegger – Jaspers 1990: 62 (Brief an Jaspers, 24. April 1926).
[65] Heidegger *GA* 23: 243.

(§ 44). Die einzelnen thematischen Bereiche, die dann in den späteren Schriften weiter ausgefaltet werden, sind nur kurz angeschnitten, mit wenigen kritischen Stellungnahmen. Dennoch zeichnen sich schon gewisse Gesichtspunkte der späteren Auslegungen ab, auf die dann im vorliegenden Beitrag an den jeweilige Stellen noch hingewiesen werden soll.

Aufschlussreich für die späteren Auslegungen ist das, was Heidegger in § 43 a) als „die immer deutlicher bei Leibniz selbst anwesende Grundtendenz" charakterisiert, nämlich die „Vermittlung von Gegensätzen", etwa zwischen der rein mechanisch-mathematischen und der biologisch-organischen Naturbetrachtung.[66] Insofern bestimmen sich, wie er kritisch anmerkt, die Fragestellungen bei Leibniz „stark aus dem Vorgegebenen und je Auftauchenden" und dringt er nicht „primär und direkt in positiver Fragestellung" zum tragenden Grund der von ihm vermittelten Einheit vor.[67]

---

[66] Heidegger *GA* 23: 174.
[67] Heidegger *GA* 23: 175.

§ 3 Die Leibniz-Rezeption in *Sein und Zeit* (1927)

a) Das Fehlen der Leibniz-Rezeption
im veröffentlichten Teil von *Sein und Zeit*

Im veröffentlichten Teil von Heideggers Grundwerk und erstem Hauptwerk *Sein und Zeit* wird Leibniz dagegen kein einziges Mal explizit genannt.[68] Ebenso war Leibniz nach dem in § 8 gegebenen „Aufriß der Abhandlung" nicht für den geplanten zweiten Teil „Grundzüge einer phänomenologischen Destruktion der Geschichte der Ontologie am Leitfaden der Problematik der Temporalität" vorgesehen. Der in dieser Form nicht zur Ausführung gelangte zweite Teil gliedert sich dreifach:

„1. *Kants* Lehre vom Schematismus und der Zeit als Vorstufe einer Problematik der Temporalität.[69]

2. Das ontologische Fundament des ‚cogito sum' *Descartes'* und die Übernahme der mittelalterlichen Ontologie in die Problematik der ‚res cogitans'.

3. Die Abhandlung des *Aristoteles* über die Zeit als Diskrimen der phänomenalen Basis und der Grenzen der antiken Ontologie."[70]

Heidegger wendet sich in seinen (veröffentlichten) Ausführungen in *Sein und Zeit* nicht Leibniz, sondern gerade Descartes zu. Zum einen geht es Heidegger um die phänomenologische Destruktion der neuzeitlichen Ontologie des Subjekts, des Ich, des „cogito sum", welcher Ansatz auch von Leibniz nicht grundsätzlich in Frage gestellt wird. Mit Descartes hebt nach Hegel, den Heidegger in diesem Zusammenhang mehrfach zitiert, „das Denken der neueren Zeit an":

„Mit ihm treten wir eigentlich in eine selbständige Philosophie ein, welche weiß, daß sie selbständig aus der Vernunft kommt und daß das Selbstbewußtsein wesentliches Moment des Wahren ist. Hier, können wir sagen, sind wir zu Hause und können wie der Schiffer nach langer Umherfahrt auf der ungestümen See ‚Land' rufen; Cartesius ist einer von den Menschen, die wieder mit allem von vorn angefangen haben; und mit ihm hebt die Bildung, das Denken der neueren Zeit an."[71]

---

[68] Vgl. Nicolás – Gómez Delgado – Escribano Cabeza (eds.) 2016: 193.

[69] Im Vorwort zur ersten Auflage (1929) seines Buches *Kant und das Problem der Metaphysik* bemerkt Heidegger: „Die Auslegung der ‚Kritik der reinen Vernunft' erwuchs im Zusammenhang einer ersten Ausarbeitung des *zweiten* Teils von *„Sein und Zeit'*." (Heidegger *GA* 3: XVI)

[70] Heidegger *GA* 2: 53.

[71] Hegel 2013: 120; vgl. Heidegger *GA* 5: 115–208, 128f.; *GA* 80.2: 1113–1136, 1116; *GA* 9: 427–444, 429.

Zum anderen verbindet Heidegger mit Descartes die notwendige Kritik an Husserls Phänomenologie des reinen Bewusstseins, als deren Ansatz in der neuzeitlichen Philosophie Descartes' „res cogitans" und „res extensa" destruiert werden soll, um damit auch seinen eigenen neuen Ansatz des „Daseins" und seines „In-der-Welt-seins" deutlicher abheben und fixieren zu können. In einer Randbemerkung seines Handexemplars („Hüttenexemplar") zu § 21 von *Sein und Zeit* heißt es etwa: „Kritik an Husserls Aufbau der ‚Ontologien'! wie überhaupt die ganze Descartes-Kritik in dieser Absicht mit hierher gesetzt!"[72] Zusammenfassend schreibt Kiyoshi Sakai: „Heidegger hat ‚Leibniz' in ‚Sein und Zeit' unerwähnt gelassen zugunsten einer konzentrierten Darstellungsweise des ‚Daseins' (in Abhebung zur ‚res cogitans') und der ‚Destruktion' der bisherigen Ontologie, Kant – Descartes – Aristoteles."[73]

b) Die Repräsentation der Monaden entsprechend der Vorlesung
Die Grundprobleme der Phänomenologie vom Sommersemester 1927:
Der mehr geschichtliche Weg der Ausarbeitung
des dritten Abschnitts von *Sein und Zeit*

Der dritte Abschnitt (des ersten Teils) „Zeit und Sein" (nach § 8[74]), der im Frühjahr 1927 in der Abhandlung *Sein und Zeit* nicht mitveröffentlicht wurde, lag noch zu Lebzeiten Heideggers, nämlich im Jahr 1975, als Band 24 der Gesamtausgabe mit dem Titel *Die Grundprobleme der Phänomenologie* vor, wenn auch von den nach der Exposition (§ 1) konzipierten drei Teilen nur der erste Teil und das erste Kapitel des zweiten Teils ausgearbeitet sind.[75] Im Manuskript dieser noch in Marburg gehaltenen Vorlesung vom Sommersemester 1927 findet sich die handschriftliche Mitteilung Heideggers: „Neue Ausarbeitung des 3. Abschnitts des I. Teiles von ‚Sein und Zeit'."[76] In seinem ‚Rückblick auf den Weg' (1937/38) bemerkt Heidegger zur „ersten Ausführung" des Abschnitts über „Zeit und Sein": „Der Versuch ist vernichtet, aber sogleich auf mehr geschichtlichem Wege ein neuer Anlauf gemacht in der Vorlesung vom S.S. 1927."[77] Auf diesem mehr geschichtlichen Weg sieht Heidegger nun in der monadologischen „Möglichkeit der Widerspiegelung des Ganzen der Welt" eine größere Nähe zur Existenz des Daseins als „In-der-Welt-sein" als in Descartes' „res extensa". Diese Textstelle soll nun in voller Länge zitiert werden, da Heidegger in seinem Leibniz-Seminar vom

---

[72] Heidegger *GA* 2: 132 Anm. a; vgl. auch Heidegger – Jaspers 1990: 71 (Brief an Jaspers, 26. Dezember 1926).
[73] Sakai 1993: 106.
[74] Heidegger *GA* 2: 53.
[75] Vgl. Heidegger *GA* 24: 2, 321 und 471–473 (Nachwort des Herausgebers), 473.
[76] Heidegger *GA* 24: 1 Anm. 1; vgl. Herrmann 1991 und 2019a: 70–75.
[77] Heidegger *GA* 66: 409–428, 413f.

Wintersemester 1935/36 und ebenso in späteren Texten unter einer schon gewandelten Blick- und Fragebahn darauf zurückkommt:

„Die Verfassung der Existenz des Daseins als In-der-Welt-sein ergab sich als eine eigentümliche Transposition des Subjekts, die das Phänomen ausmacht, das wir noch genauer als die Transzendenz des Daseins bestimmen werden.

Schon Leibniz hat in gewissem Sinne dieses eigentümliche Phänomen der Welt bei seiner monadologischen Interpretation des Seienden im Auge gehabt, ohne es als solches zu fixieren. Es sagt, daß jedes Seiende der Möglichkeit nach das All des Seienden widerspiegelt gemäß verschiedenen Graden der Wachheit seines Vorstellens. Jede Monade, d. h. jedes einzelne für sich Seiende, ist durch die Repräsentation, die Möglichkeit der Widerspiegelung des Ganzen der Welt charakterisiert. Die Monaden bedürfen keiner Fenster, sie haben von sich aus die Möglichkeit, das Ganze der Welt zu erkennen. So groß die Schwierigkeiten seiner Monadologie sind, vor allem, weil er seine echte Intuition in die überlieferte Ontologie einbaute, so muß doch in dieser Idee der Repräsentation der Monaden etwas Positives gesehen werden, was sich bisher in der Philosophie kaum ausgewirkt hat.“[78]

Wir werden auf die Idee der Repräsentation der Monaden noch mehrfach zurückkommen.

---

[78] Heidegger *GA* 24: 248.

§ 4 Die Leibniz-Rezeption nach dem Erscheinen von *Sein und Zeit*

a) Die Destruktion der Leibniz'schen Urteilslehre
und die ontologische Wesensbestimmung der Monade als Drang
in der Vorlesung *Metaphysische Anfangsgründe der Logik*
vom Sommersemester 1928

Das erste Hauptstück der letzten in Marburg gehaltenen Vorlesung *Metaphysische Anfangsgründe der Logik im Ausgang von Leibniz* vom Sommersemester 1928 trägt den Titel: „Destruktion der Leibnizschen Urteilslehre auf die metaphysischen Grundprobleme". Insofern auch der für die Auslegung der ‚Monadologie' entscheidende § 5 „Die Wesensbestimmung des Seins des eigentlich Seienden", womit die Monade gemeint ist, zum ersten Hauptstück gehört, betrachtet Heidegger auch die Leibniz'sche Metaphysik der Monade trotz des herausgestellten ekstatischen Charakters als eine zu destruierende.

In einer zusammenfassenden Wiederholung gibt Heidegger eine Erläuterung des Titels der Vorlesung: „Wir versuchen eine philosophische Logik und damit eine Einführung in das Philosophieren. Was traditionell in der Logik äußerlich technisch erörtert wird, suchen wir in seinen Grundlagen zu fassen, in den Gründen, bei denen das, was die Logik gemeinhin behandelt, anfängt. Diese Gründe und Fundamente erreicht nur die Metaphysik; daher der Titel: Metaphysische Anfangsgründe der Logik."[79] Heidegger macht den Versuch, „zunächst auf historischem Wege in die Dimension der metaphysischen Anfangsgründe der Logik vorzudringen"[80], wobei Leibniz aus den im Verlauf der Vorlesung dargelegten Gründen die Orientierung bildet. An späterer Stelle (§ 7) heißt es zur metaphysischen Fundierung der Logik: „Freilich hat Leibniz selbst nirgends das Problem der metaphysischen Fundierung der Logik ausdrücklich aufgerollt. Im Gegenteil – immer wieder bricht die Neigung durch, die Logik selbst aus sich und aus ihr gleichsam die Metaphysik zu entwickeln. Und dabei sind in den Grundzügen die traditionellen Begriffe von Metaphysik und Logik festgehalten, bei allen Wandlungen der inhaltlichen Probleme."[81] Was die Grundlagen der Logik betrifft, wird hier nur § 3 „Die Idee der Wahrheit und die Grundsätze der Erkenntnis" erörtert, weil Heidegger gerade hier von der üblichen Auffassung der Grundsätze der Erkenntnis bei Leibniz ab-

---

[79] Heidegger *GA* 26: 70.
[80] Heidegger *GA* 26: 70.
[81] Heidegger *GA* 26: 127.

weicht.[82] Diese übliche Auffassung der Grundsätze bei Leibniz geht dahin, „daß man dem Unterschied von [notwendigen] Vernunftwahrheiten und [kontingenten] Tatsachenwahrheiten einen Unterschied zweier Grundsätze zuordnet; Vernunftwahrheiten gehorchen dem Satz vom Widerspruch, Tatsachenwahrheiten dem Satz vom Grunde (vgl. Monadologie § 31ff.).“[83] Der Satz des Widerspruchs (A nicht ist Nicht-A) gilt als der *negative* Ausdruck des Satzes der Identität (A ist A).[84] Es gibt aber auch Aussagen von Leibniz, die der zuvor genannten Auffassung der ‚Monadologie‘ widersprechen. So heißt es in § 14 des Anhangs ‚Bemerkungen über das vor kurzem in England veröffentlichte Buch über den Ursprung des Übels‘ der *Versuche in der Theodicée über die Güte Gottes, die Freiheit des Menschen und den Ursprung des Übels* (1710): „Das eine und das andere Prinzip [nämlich das *der Identität oder des Widerspruchs* und das *des zureichenden Grundes*] findet nicht nur bei den notwendigen, sondern auch bei den zufälligen [kontingenten] Wahrheiten statt [...] Man kann nämlich in gewisser Hinsicht sagen, jene beiden Prinzipien seien in der Definition des Wahren und Falschen einbegriffen.“[85] Eine weitere wichtige Stelle findet sich in der zumeist unter dem Titel ‚Primae veritates‘ (1689 [?]) zitierten Schrift. Hier heißt es zum Satz vom Grunde:

„Immer ist demnach das Prädikat oder das *consequens* in dem Subjekt [inest subjecto] oder dem antecedens, und gerade darin besteht allgemein das Wesen der Wahrheit oder die Verknüpfung von Ausdrücken der Aussage, wie schon Aristoteles beobachtete. Und zwar ist in identischen Sätzen diese Verknüpfung und der Einschluß des Prädikats im Subjekt ausgedrückt [expressa], in allen anderen Sätzen verhüllt [implicita] und durch die Analyse der Begriffe aufweisbar, in welcher der Beweis a priori gelegen ist.

[...]

Aus diesen wegen ihrer großen Eingängigkeit nicht genügend betrachteten Tatsachen folgt vieles von erheblicher Bedeutung. Sofort entsteht nämlich daraus das bekannte Axiom, daß nichts ohne Grund oder keine Wirkung ohne Ursache ist [nihil esse sine ratione, seu nullum effectum esse absque causa]. Sonst würde es eine Wahrheit geben, die nicht a priori bewiesen werden könnte oder die nicht in identische Sätze aufgelöst würde [quae non resolveretur in identicas], was gegen das Wesen der Wahrheit ist, die immer entweder ausdrücklich [expresse] oder implicite identisch ist.“[86]

---

[82] Vgl. auch die späteren Freiburger Vorträge ‚Grundsätze des Denkens‘ (1957) (Heidegger *GA* 79: 79–176; *GA* 11: 31–50, 125–140; vgl. Göldel 1935; Neumann 2009).

[83] Heidegger *GA* 26: 65; vgl. Leibniz 1978 (VI): 612f.; Übers. in: Leibniz 2014: 123/125.

[84] Vgl. Lotze 1989: 76.

[85] Leibniz 1978 (VI): 414; Übers. nach: Leibniz 1996c: 434; zit. in: Heidegger *GA* 26: 67.

[86] Leibniz 1999: 1643–1649, 1644f. (= Leibniz 1966: 518–523, 518f.); Übers. nach: Leibniz 1960: 438–445, 439f. (Erg. des lateinischen Originaltextes vom Verf.); zit. in: Heidegger *GA* 26: 68.

In seiner Freiburger Vorlesung *Der deutsche Idealismus (Fichte, Schelling, Hegel) und die philosophische Problemlage der Gegenwart* vom Sommersemester 1929 erörtert Heidegger, wie sich das Problem des Grundes vor allem seit Leibniz befestigte: „Der ‚Grund' ist primär zugeordnet dem Urteil, dem Aussagen und Setzen."[87]

Von den beiden Klassen von Wahrheiten, den kontingenten und den notwendigen, sind die notwendigen Wahrheiten diejenigen, die direkt auf Identitäten (A ist A) zurückführbar sind.[88] Die Auflösung in Identitäten aber besagt Einstimmigkeit mit solchen. Was mit Identitäten nicht einstimmig ist, enthält einen Widerspruch. Einstimmigkeit besagt *Widerspruchslosigkeit*. Wenn man Wahrheit wie Leibniz im Sinne der Satz- oder Urteilswahrheit versteht, dann liegt das „Wesen der Wahrheit überhaupt [...] in der Identität von Subjekt und Prädikat".[89] Den *Satz der Identität* (A ist A) als den Grundsatz der Erkenntnis der Urwahrheiten bezeichnet Heidegger als „die elementarste Urwahrheit".[90]

Es stellt sich also die Frage nach dem Verhältnis der beiden Grundsätze, des *Satzes vom Widerspruch* (bzw. des *Satzes der Identität*) und des *Satzes vom Grunde*, das auch bei Leibniz „nicht ohne weiteres durchsichtig" ist.[91] Die wohl bis heute übliche Auffassung besagt, wie Arnaud Lalanne in seiner Dissertation *Genèse et évolution du principe de raison suffisante dans l'œuvre de G. W. Leibniz* an der Pariser Sorbonne von 2013 darlegt, dass die beiden Prinzipien des Grundes und des Widerspruchs „vollkommen komplementär (parfaitement complémentaires)" sind und sich nicht aufeinander reduzieren lassen („sans [...] de supposer une réduction de l'un à l'autre").[92] Heidegger dagegen folgert u. a. aus den zuvor genannten Textstellen: „Allein, sofern gerade diese notwendigen Wahrheiten dem Prinzip der Widerspruchslosigkeit als dem Prinzip ihrer Rückführbarkeit – d. h. Begründbarkeit unterstehen, gehört zu ihnen auch das principium reddendae rationis [...]."[93] Eine sich von hier aus ergebende Folgerung zum Zusammenhang der beiden Prinzipien hat Otto Saame aufgezeigt. Er stellt in seiner Tübinger Dissertation *Der Satz vom Grund bei Leibniz* gegenüber Lalanne die einsichtig begründete und durch zahlreiche Quellen belegte These auf, „daß *beide große Prinzipien* bei Leibniz zusammenhängen durch den Satz ‚praedicatum inest subiecto'"[94], durch das Enthaltensein (inesse) des Prädikats (P) im Subjekt (S).

---

[87] Heidegger *GA* 28: 95
[88] Leibniz 1999: 1514–1524, 1515f. (= Leibniz 1966: 16–24, 17); Übers. unter dem Titel ‚Notwendigkeit und Zufälligkeit' in: Leibniz 1960: 426–438, 426f.; vgl. Heidegger *GA* 26: 66.
[89] Heidegger *GA* 26: 64.
[90] Heidegger *GA* 26: 65.
[91] Heidegger *GA* 26: 67.
[92] Lalanne 2015 (I): 16.
[93] Heidegger *GA* 26: 66.
[94] Saame 1961: 20.

Heidegger geht aber noch einen Schritt über Saame hinaus. Das Wesen des „in-esse" liegt gerade im „idem esse", in der *Identität*. In der Abhandlung ‚Vom Wesen des Grundes‘ (1929) heißt es:

„*Leibniz* faßt demnach die Wahrheit von vornherein und mit ausdrücklicher, ob-zwar nicht voll berechtigter Berufung auf *Aristoteles* als Aussage-(Satz)wahrheit. Den nexus bestimmt er als ‚inesse‘ des P in S, das ‚inesse‘ als ‚idem esse‘. Identität als Wesen der Satzwahrheit besagt hier offenbar nicht leere Selbigkeit von etwas mit sich selbst, sondern Einheit im Sinne der ursprünglichen Einigkeit des Zusammengehörigen. Wahrheit bedeutet demnach Einstimmigkeit, die ihrerseits solche nur ist als Über-einstimmung mit dem, was sich in der Identität als Einiges bekundet."[95]

Auch das *principium rationis* entspringt dem Wesen der Wahrheit, weil es sonst Wahres gäbe, „das sich einer Auflösung in Identitäten widersetzte".[96] An dieser Auslegung hält Heidegger auch noch in seiner Vorlesung *Der Satz vom Grund* vom Wintersemester 1955/56 fest. In der ersten Stunde heißt es: „Dieser Satz [vom Grund] gilt jedoch nicht – auch für Leibniz nicht – als der oberste Grundsatz, geschweige denn als der Grundsatz schlichthin. Als der oberste aller ersten Grundsätze gilt der Satz der Identität."[97]

*

Was die bereits angesprochene Destruktion, den kritischen Abbau der überlieferten Begriffe betrifft, ist zunächst nochmals darauf zurückzukommen, dass die von Heidegger gegebene Auslegung, die „schon von der Interpretation des Daseins als Zeitlichkeit her geleitet war, vor allem vom Einblick in das Wesen der Transzendenz", wie er an späterer Stelle der Vorlesung (§ 12) sagt, „absichtlich über-steigert war, und zwar in doppelter Hinsicht".[98] Zum einen werden die Grundbe-stimmungen der Monade, Repräsentation der Welt als „mundus concentratus"[99] und Drang (appetitus), als *intentionale* Strukturen gefasst, zum anderen werden diese als *transzendentale* Strukturen gedeutet, d. h. in ihrer Bezogenheit auf das All des Seienden, die Welt, das Universum. Wie Rainer Thurnher (gegenüber anderen Interpreten) überzeugend darlegt, hält Heidegger in der Vorlesung vom Sommer-semester 1928 zwar „noch am Konzept der Fundamentalontologie wie auch am Gedanken der ‚veritas transcendentalis‘ fest", auch wenn er sich nun gezwungen sieht, diesen Ansatz undogmatisch „zu modifizieren, ihn zu lockern und geschmei-

---

[95] Heidegger *GA* 9: 123–175, 129f.
[96] Heidegger *GA* 9: 129.
[97] Heidegger *GA* 10: 10f.; vgl. *GA* 88: 97–115, 114.
[98] Heidegger *GA* 26: 270.
[99] Vgl. u. a. Leibniz 1978 (II): 248–253, 252 (Brief an de Volder, 20. Juni 1703).

dig zu machen".[100] Bei Leibniz ist aber für Heidegger die Auswirkung „seine[r] echte[n] Intuition"[101] (wie es bereits in der Vorlesung vom Sommersemester 1927 heißt), d. h. des eigentlichen metaphysischen Sinnes seiner Konzeption, dadurch verhindert, „daß er im Prinzip seiner Auffassung der Monade, des Ich, das Descartessche ego cogito zugrunde legt; daß er auch die Monade als eine in ihre Sphäre eingeschlossene Substanz nimmt, nur daß er dieser Immanenz und ihrem Gehalt die ganze Welt einverleibt."[102] Die Fensterlosigkeit der Monaden nach § 7 der ‚Monadologie'[103] wird, wie schon in § 3 b) erwähnt wurde, daher von Heidegger in einer ganz anderen Weise gedeutet:

„Deshalb kann Leibniz sagen: die Monaden brauchen keine Fenster, weil sie eben alles schon in ihrem Inneren haben. Wir würden umgekehrt sagen: Sie haben keine Fenster, nicht weil sie alles drinnen haben, sondern weil es weder ein Innen noch ein Außen gibt – weil die Zeitigung (der Drang) in sich das ekstatische Geschehen des Welteinganges besagt, sofern die Transzendenz schon in sich selbst der mögliche Übersprung ist über das mögliche Seiende, das in eine Welt eingehen kann. So ist die Zeit kein mundus concentratus, sondern umgekehrt: sie ist wesentlich ein Sich-öffnen und Ent-spannen in eine Welt hinein."[104]

Auf das Problem der Fensterlosigkeit der Monaden werden wir im Zusammenhang der Erörterung der Vorlesung *Einleitung in die Philosophie* (§ 19) vom Wintersemester 1928/29 in § 4 b) nochmals zurückkommen. Kehren wir nach dieser Vorbemerkung zu § 5 der Vorlesung vom Sommersemester 1928 zurück, wobei auch hier nur die zentralen Fragen behandelt werden können.[105] Die wesentliche und für alle weiteren Fragen grundlegende Frage ist die nach dem *Sein* der individuellen Substanz, d. h. nach der *Substanzialität* dieser Substanz. Diese Lehre ist niedergelegt in der sogenannten ‚Monadologie' (1714), wobei in der Schrift selbst Wesentliches nur angedeutet und nicht systematisch ausgearbeitet ist. Die zu erläuternde metaphysische Hauptthese lautet: „Die individuelle Substanz ist Monade. Leibnizens Interpretation des Seins ist die monadologische."[106] Es wird in § 5 a) von Heidegger vorausgeschickt, dass gerade hier „eine über Leibniz hinausgehende, oder besser: ursprünglicher in ihn zurückgehende Auslegung gewagt

---

[100] Thurnher 1997: 34f., vgl. 48f.; zur „veritas transcendentalis" vgl. Heidegger *GA* 2: 51; vgl. ferner Pasqualin 2019.
[101] Heidegger *GA* 24: 248.
[102] Heidegger *GA* 26: 271.
[103] Leibniz 1978 (VI): 607f.; Übers. in: Leibniz 2014: 111/113.
[104] Heidegger *GA* 26: 271.
[105] Zur Identifizierung des Subjekts wahrer Sätze im Sinne des urteilstheoretischen *praedicatum-inesse-subjecto*-Prinzips mit der individuellen Substanz (Monade) als dem eigentlich Seienden bei Leibniz vgl. Neumann 2019b. Zu Heideggers Auseinandersetzung mit der Leibniz'schen Logik und Urteilslehre vgl. Sakai 1993: 106–109.
[106] Heidegger *GA* 26: 87.

werden" muss.[107] Als Interpretation der Substanzialität des eigentlich Seienden, der Monade, ist die ‚Monadologie' somit Ontologie, Metaphysik, und zwar „allgemeine Metaphysik" (Metaphysica generalis), „denn es soll ein Seinsbegriff gewonnen werden, der jedes eigentlich Seiende betrifft, sei es physische Natur, Lebendes (Pflanze und Tier), Existierendes im Sinne des Menschen, Gott".[108] Da Heidegger in seinem Leibniz-Seminar vom Wintersemester 1935/36 auf den Zusammenhang der in „90 aneinandergeschriebene Thesen"[109] gegliederten Schrift mit der überlieferten Metaphysik (Metaphysica generalis und Metaphysica specialis) in vertiefter Weise eingeht, wird diese Thematik hier noch zurückgestellt.[110] Die Auslegung der Substanzialität der Monade beginnt mit dem Terminus „Monade", den Leibniz seit dem Jahr 1696 gebrauchte. Das griechische Wort monás (μονάς) besagt: „das Einfache, die Einheit, die Eins, aber auch: das Einzelne, das Einsame."[111] Leibniz' Begriff der „Monade" fasst gleichsam alle griechischen Grundbedeutungen in sich zusammen: „Das Wesen der Substanz liegt darin, daß sie Monade ist, d. h. das eigentlich Seiende hat den Charakter der einfachen ‚Einheit' des Einzelnen, Für-sich-Stehenden. Vorgreifend gesagt: die Monade ist das einfach, ursprünglich, im vorhinein vereinzelnd Einigende."[112] Wie später noch deutlicher in seinem Leibniz-Seminar verweist Heidegger schon in § 5 a) seiner Vorlesung mit dem Titel „Die Monade als Drang" (nach der Untergliederung des Herausgebers) auf den aktiv zu verstehenden Grundcharakter des Einigens im Sinne der ursprünglichen Einigung der Einheit verleihenden Einheiten (Monaden).

Der Drang ist für Heidegger die Grundbestimmung der Substanzialität der Monade. Der Drang wird im Ausgang von Leibniz' kleiner Schrift ‚De primae philosophiae Emendatione, et de Notione Substantiae'[113] (1694) als vis activa, als von sich selbst aus ursprünglich aktiv, produktiv verstanden.[114] Der Drang braucht nicht erst von einer fremden Anregung, gleichsam von einem Stachel aktiviert zu werden, um in ein Vollziehen überzugehen, sondern ist immer schon von sich selbst aus in Tätigkeit gesetzt, sofern er in seiner Aktivität nicht gehemmt oder gehindert wird.[115] Heidegger schreibt: „Der Drang bedarf sonach nicht einer noch

---

[107] Heidegger *GA* 26: 88.
[108] Heidegger *GA* 26: 89.
[109] Heidegger *GA* 26: 88, vgl. 90f.
[110] Vgl. unten § 5 a.
[111] Heidegger *GA* 26: 89; vgl. μόνος in: Frisk 1960–1972 (II): 253.
[112] Heidegger *GA* 26: 90.
[113] Leibniz 1978 (IV): 468–470; Übers. unter dem Titel: ‚Über die Verbesserung der ersten Philosophie und den Begriff der Substanz' in: Leibniz 1995: 17–20). Zu Leibniz' Aufgreifen des aristotelischen Entelechie-Begriffs (ἐντελέχεια) (Leibniz 1978 (IV): 469; Leibniz 1995: 19f.) vgl. Janke 1963a; Neumann 2001; Herrmann 2015: 17–24; Reinhard 2011.
[114] Produktiv, pro-ducere heißt für Heidegger: „hervor-führen, aus sich er-geben und als so gegebenes in sich behalten." (Heidegger *GA* 26: 103).
[115] Vgl. Leibniz 1978 (IV): 469; zit. in: Heidegger *GA* 26: 101f.

dazukommenden fremden Ursache, sondern umgekehrt nur des Verschwindens einer irgend vorhandenen Hemmung, oder um einen glücklichen Ausdruck von Max Scheler zu gebrauchen: der Enthemmung."[116] Die Funktion der Hemmung oder Enthemmung durch das Mitdrängen anderer Monaden ist wesenhaft *negativ*, eine Begrenzung: „Keine Substanz vermag der anderen ihren Drang, d. h. ihr Wesentliches zu geben."[117] Vielmehr erhält jede geschaffene Substanz von jeder anderen geschaffenen Substanz, wie es am Schluss der Schrift ‚Über die Verbesserung der ersten Philosophie und den Begriff der Substanz' heißt, *im Voraus* schon die Beschränkung ihres Dranges: „Aus unseren Überlegungen wird auch deutlich, dass eine geschaffene Substanz (substantia creata) ihre Wirkkraft (vis agendi) nicht von einer anderen geschaffenen Substanz empfangen könne, sondern dass eine geschaffene Substanz von jeder anderen geschaffenen Substanz im Voraus nur die Grenzen (limites) und die Beschränkung (determinatio) ihres in ihr selbst schon existierenden Strebens (nisus) oder ihrer in ihr selbst schon existierenden Kraft zu handeln (virtus agendi) empfängt."[118] Der Begriff der vis activa bedeutet, wie Heidegger zusammenfasst, im allgemeinen: „1. Vis activa bedeutet Drang. 2. Dieser Drangcharakter soll jeder Substanz qua Substanz innewohnen. 3. Diesem Drang entspringt ständig ein Vollziehen."[119]

Ungeklärt bleibt aber noch „das Problem von *Drang* und *Substanzialität*".[120] Heidegger nennt es „das zentrale Problem der Monadologie".[121] Es besteht darin, wie der aktiv verstandene Drang selbst *einheitgebend* sein soll. Damit zusammen hängt das Weltproblem, d. h. die weitere wesentliche Frage, wie sich aufgrund dieser in sich einigen Monade das Ganze des Universums in seinem Zusammenhang konstituiert. Wie schon oben angesprochen wurde, macht der Drang nicht nur die Einheit der Substanz möglich, deren Substanzialität, sondern auch deren Vereinzelung, Individuierung, und damit auch notwendigerweise die Pluralität der Substanzen und der je von ihnen perspektivisch repräsentierten Welt.

Die vis activa ist wesenhaft Drang, d. h. ein „Trieb, der eben seinem Wesen nach von ihm selbst an-getrieben wird" und daher keines „von anderswoher kommenden Antriebes" bedarf.[122] Mit dem Drangcharakter als dem metaphysischen Grundzug der Monade ist „freilich die Struktur dieses Dranges selbst noch nicht

---

[116] Heidegger *GA* 26: 103; vgl. Scheler 1995: 49f., 66f. Der Terminus „enthemmt" bzw. „Enthemmung" findet sich schon (ohne Bezugnahme auf Scheler) in der Vorlesung vom Wintersemester 1926/27 (Heidegger *GA* 23: 179).

[117] Heidegger *GA* 26: 104.

[118] Leibniz 1978 (IV): 470 (Übers. vom Verf.); zit. in: Heidegger *GA* 26: 104.

[119] Heidegger *GA* 26: 105.

[120] Heidegger *GA* 26: 105.

[121] Heidegger *GA* 26: 105.

[122] Heidegger *GA* 26: 102.

ausdrücklich bestimmt".[123] Dieser Aufgabe wendet sich Heidegger nach einer „Zwischenbetrachtung" (§ 5 b), die hier zunächst übergangen wird, in § 5 c) zu. Wie es schon zuvor heißt, ist der Drang „als solcher immer schon ausgelöst, aber so, daß er dabei immer noch geladen, gespannt ist".[124] Die Freilegung der Grundstruktur des Dranges besteht im Grunde in der Bestimmung dieser Gespanntheit oder Ausgespanntheit (lateinisch dis-tentio) des als drängend Bestimmten, sofern es Drängendes ist. Heidegger geht gerade in seiner Auslegung der Grundstruktur des Dranges wesentlich über das bei Leibniz Gesagte hinaus, was für ihn aber bedeutet: ursprünglicher in ihn zurück. Wenn der Drang Einheit geben soll, dann muss er selbst *einfach* sein: „Das primum constitutivum muß eine unteilbare Einheit sein."[125] Dieser Satz bezieht sich auf eine zuvor zitierte Briefstelle von Leibniz: „Die Einheit als einheitgebende ist aktiv, ist vis activa, Drang – er ist das primum constitutivum der Einheit der Substanz (an de Volder, 30. VI. 1704; Gerh. II, 267[126])."[127] Aber wenn nun die Substanz einfach einigend ist, dann muss es auch schon ein *Mannigfaltiges* geben, das sie einigt. Und diesem Mannigfaltigen kommt entsprechend dem Drangcharakter eine *Bewegtheit* überhaupt zu. Was nach Heideggers Auslegung Leibniz selbst noch verborgen blieb, besteht darin, dass das „innerste metaphysische Motiv für den Vorstellungscharakter der Monade […] die ontologische Einigungsfunktion des Dranges" ist.[128] Leibniz habe (noch) nicht gesehen, dass der Repräsentationscharakter der Monade selbst aus der Einigungsfunktion des Dranges entspringt, nicht aber aus einer erst nachgelagerten Überlegung oder Reflexion. „Weil der Drang das ursprünglich einfach Einigende sein soll, muß er ausgreifend-umgreifend sein, muß er ‚*vorstellend*' sein."[129] Das Ausgreifen bezieht sich dabei auf das mannigfaltige zeitliche Nacheinander, das Umgreifen auf das mannigfaltige räumliche Nebeneinander. Das drängende Geschehen ist seiner Struktur nach selbst „ausgreifend, ist *ekstatisch*, und in diesem Sinne ist das Drängen ein Vor-stellen".[130] Heidegger vermeidet es, die vis activa mit „Kraft"

---

[123] Heidegger *GA* 26: 103.

[124] Heidegger *GA* 26: 103. Zur Auslegung der „distentio animi" bei Augustinus vgl. Heideggers im Kloster Beuron (im Oberen Donautal) gehaltenen Vortrag ‚Des hl. Augustinus Betrachtung über die Zeit. Confessiones lib. XI' vom 26. Oktober 1930 (Heidegger *GA* 80.1: 429–456; vgl. auch *GA* 83: 39–82).

[125] Heidegger *GA* 26: 111.

[126] Leibniz 1978 (II): 267–272, 267.

[127] Heidegger *GA* 26: 105.

[128] Heidegger *GA* 26: 112. Bereits in seiner Vorlesung *Geschichte der Philosophie von Thomas von Aquin bis Kant* sagt Heidegger: „Perceptio aber selbst als durch Drang bestimmt." (Heidegger *GA* 23: 186)

[129] Heidegger *GA* 26: 113.

[130] Heidegger *GA* 26: 113. Der Terminus „ekstatisch" (vgl. Heidegger *GA* 2: 435) findet sich schon in einer (möglicherweise erst später ergänzten) Randbemerkung zu § 43 d) der Vorlesung *Geschichte der Philosophie von Thomas von Aquin bis Kant*: ‚Vor-stellen, re-praesentare; conatus = Tendenz;

zu übersetzen, da dieser Begriff die Vorstellung von etwas selbst Ruhenden, etwas Substanziellen oder Vorhandenen weckt, einem „Kern, der dann mit Vorstellen und Streben begabt wird, während eben der Drang in sich selbst ein vorstellendes Streben bzw. strebendes Vorstellen ist".[131] In der Freiburger Vorlesung zu *Aristoteles, Metaphysik Θ 1–3* mit dem Untertitel *Von Wesen und Wirklichkeit der Kraft* vom Sommersemester 1931 heißt es in § 10 zu Leibniz: „In Wahrheit aber ist nach dem monadologischen Prinzip nicht das einzelne Seiende kraftbegabt, sondern umgekehrt: Die Kraft ist das Sein, das erst ein einzelnes Seiendes als solches sein läßt, damit es allenfalls mit etwas begabt ist."[132] Heidegger bezieht sich in dem voraufgehenden Zitat auf die von Leibniz gebrauchten Begriffe perceptio (Vorstellen) und appetitus (Streben), wobei der appetitus für ihn aber nicht wie bei Leibniz als „ein zweites Vermögen"[133] verstanden werden darf. Allerdings ist der appetitus nicht gleichbedeutend mit dem im weiteren Sinne verstandenen Drang: „Appetitus meint vielmehr ein eigenes wesenhaftes, konstitutives Drangmoment, wie perceptio."[134] Wie Andreas Luckner erläutert, ist der Drang „*als perceptio* selbst schon vorgreifend-umgreifend (verlangend), so dass *appetition* und *perception* bei Heidegger als zwei Momente[135] des Dranges (als dem übergreifenden Allgemeinen, als ‚Drang' im weiteren Sinne) erscheinen".[136] Dabei unterwirft sich der Drang nicht dem mannigfaltigen zeitlichen Nacheinander als einem ihm Fremden, sondern er ist dieses Mannigfaltige selbst. „Dem Drang selbst entspringt die Zeit."[137]

Damit ist aber sicherlich nicht nur *eine* zeitliche Ekstase gemeint, z. B. die Zukunft. Nach seiner Vorlesung *Prolegomena zur Geschichte des Zeitbegriffs* vom Sommersemester 1925 (und entsprechend nach § 41 von *Sein und Zeit*) liegt der Drang als Verdrängen *nur im Sich-vorweg-sein*.[138] Zum Sich-vorweg heißt es in § 65 von *Sein und Zeit* mit dem Titel „Die Zeitlichkeit als der ontologische Sinn der Sorge": „Das Sich-vorweg gründet in der Zukunft. Das Schon-sein-in … be-

---

tendenziell-ekstatische, sich vereinzelnde Organisation des Universums." (Heidegger *GA* 23: 180 Anm. 14)

[131] Heidegger *GA* 26: 113, vgl. 103; vgl. auch *GA* 84.1: 479f.

[132] Heidegger *GA* 33: 102.

[133] Heidegger *GA* 26: 113.

[134] Heidegger *GA* 26: 114.

[135] Diese beiden Momente des Dranges sind für Heidegger, wie auch die im Text genannte Formulierung „vorstellendes Streben bzw. strebendes Vorstellen" (Heidegger *GA* 26: 113) zum Ausdruck bringt, *gleichursprünglich*: „Dabei ist aber festzuhalten: eine gleichursprüngliche Bestimmung [wie der appetitus als Übergangstendenz von … zu …] der Monade ist perceptio (im charakterisierten Sinne)." (Heidegger *GA* 26: 115) Zu den Termini „Gleichursprünglichkeit, gleichursprünglich" vgl. Vetter 2014: 284.

[136] Luckner 2017: 196.

[137] Heidegger *GA* 26: 115.

[138] Heidegger *GA* 20: 409.

kundet in sich die Gewesenheit. Das Sein-bei … wird ermöglicht im Gegenwärti-gen."[139] Nach der bereits in § 2 a) erörterten Vorlesung vom Sommersemester 1925 verlegt sich also der Drang als verdrängend-verdeckender nur in die Zukunft. Da-gegen ist gemäß der vertieften Erörterung der späteren Vorlesung mit der dem Drang entspringenden Zeit, wie es in dem Leibniz-Seminar vom Wintersemester 1935/36 dann explizit heißt, Leibniz' „Hereinnahme der *vollen Erstreckungen der Zeit*"[140] angesprochen. Die Frage, ob Leibniz damit schon die ursprüngliche exis-tenziale Zeitlichkeit des Daseins in den Blick gebracht hat, wird uns bei der Erörte-rung des Leibniz-Seminars in § 5 b) und c) noch beschäftigen.

In ihrem Wesen als Drang gründet aber auch die Möglichkeit der Individuation der Monaden. „Die im Drang als Einigung sich vollziehende Vereinzelung ist wesenhaft immer Vereinzelung von einem weltzugehörigen Seienden. Die Mona-den sind also nicht isolierte Stücke, die erst in der Summe das Universum ergäben, sondern jede ist, als der charakterisierte Drang, je das Universum selbst in ihrer Art, sie stellt aus einem Augenpunkt die Welt vor."[141] Weil aber jede Monade in gewisser und je ihrer eigenen Weise die Welt repräsentiert, steht jeder vorstellende Drang mit dem Universum in consensus und aufgrund dieser Einstimmigkeit ste-hen auch die Monaden selbst unter sich in einem Zusammenhang. Wie ist aber ein solcher Zusammenhang möglich, wenn jeder „physische Einfluss (influence phy-sique)"[142] unter den Monaden wegen deren Fensterlosigkeit ausgeschlossen ist? In der Idee der Monade als vorstellend-strebender liegt beschlossen, dass „alle Monaden als Drangeinheiten im vorhinein auf die voraus-gestellte Harmonie, die harmonia praestabilita des Alls des Seienden orientiert sind. In jeder Monade liegt der Möglichkeit nach das ganze Universum."[143]

*

Der erstmals 1964 unter dem Titel ‚Aus der letzten Marburger Vorlesung'[144] ver-öffentlichte Auszug der Vorlesung vom Sommersemester 1928 gibt eine über-arbeitete Darlegung auf der Grundlage von § 5 der Vorlesung einschließlich der „Zwischenbetrachtung zum Leitfaden der Seinsauslegung" (§ 5 b). Als ein solcher Leitfaden ergibt sich für Leibniz der „ständige Hinblick" auf „die Seinsverfassung und Seinsart des eigenen Ich".[145] Der Auszug aus der Vorlesung betrifft im Wesentlichen den in § 57 der ‚Monadologie' eingeführten Begriff „point de

---

[139] Heidegger *GA* 2: 433.
[140] Heidegger *GA* 84.1: 765, vgl. 471, 612, 625f.
[141] Heidegger *GA* 26: 119.
[142] Leibniz 1978 (VI): 615 (*Mon.* § 51); Übers. in: Leibniz 2014: 133.
[143] Heidegger *GA* 26: 119.
[144] Heidegger *GA* 9: 79–101.
[145] Heidegger *GA* 26: 106

veue"[146], den Heidegger mit „Augen-punkt" oder „Gesichts-punkt" übersetzt und unmittelbar mit dem Drängen in Beziehung setzt.[147]

Der Augenpunkt, auf den im vorhinein das Augenmerk gerichtet ist, ist gleichsam ein Punkt, von dem aus der Drang als vor-stellendes Streben (appetitus) sich selbst in seiner Mannigfaltigkeit einigt. „Perceptio und appetitus sind in ihrem Drängen primär aus dem Augenpunkt her bestimmt."[148] Der Drang als ekstatischer, d. h. als in sich selbst ausgreifender, hat in seiner inneren Gespanntheit für das Drängende (die Monade) die Wesensmöglichkeit, auch sich selbst eigens zu erfassen. Diese Wesensmöglichkeit kommt aber nur den intelligenten oder geistigen Monaden zu. „Auf Grund dieser dimensionalen [sich selbst durch-messenden] Selbstoffenheit kann ein Drängendes auch sich selbst eigens erfassen, also über das Perzipieren hinaus zugleich sich selbst mitpräsentieren, mit dazu (ad) perzipieren: *apperzipieren*."[149] Leibniz versteht aber im Anschluss an Descartes diese Selbsterfassung als einen Akt der *Reflexion* des Bewusstseins (conscience, conscientia) auf sich selbst.[150]

Wie in dem Hinweis auf die „Zwischenbetrachtung" in § 5 b) der Vorlesung bereits angedeutet wurde, stellt sich im Anschluss die Frage, was für Leibniz überhaupt den Leitfaden zur Erfassung des Seins der Monaden und ihrer Einheit darstellt. Dieser Leitfaden ist nach Heideggers Auslegung „in gewisser Weise immer das eigene Sein des Fragenden […], so auch im Entwurf der Monadologie."[151] Damit ergibt sich: „Der ständige Hinblick auf des eigene Dasein, auf die Seinsverfassung und Seinsart des eigenen Ich, gibt Leibniz das Vorbild für die Einheit, die er jedem Seienden zuweist. Dies wird an vielen Stellen deutlich."[152] Der Hinblick auf das eigene Ich als Leitfaden gilt insbesondere auch für das Prinzip des Dranges. Heidegger zitiert einen Satz aus Leibniz' Brief an Burchard de Volder vom 30. Juni 1704 nach der Übersetzung von Artur Buchenau: „Weiterhin aber ist zu erwägen, daß dieses Prinzip der Tätigkeit (Drang) uns im höchsten Grade verständlich

---

[146] Leibniz 1978 (VI): 616; Übers. in: Leibniz 2014: 135; vgl. Leibniz 1978 (IV): 477–487, 484 (*SN* § 14); Übers. in: Leibniz 1995: 21–34, 31; Leibniz 1978 (VI): 598–606, 599, 603f. (*PNG* §§ 3, 12); Übers. in: Leibniz 2014: 153–173, 155, 167.

[147] Heidegger *GA* 9: 97; *GA* 26: 117.

[148] Heidegger *GA* 9: 97; vgl. *GA* 26: 117.

[149] Heidegger *GA* 9: 97; vgl. Heidegger *GA* 26: 117f.; Leibniz 1978 (VI): 600 (*PNG* § 4), 610 (*Mon.* § 23); Übers. in: Leibniz 2014: 121, 157. In seinen Aufzeichnungen für das Freiburger Seminar ‚Kants transzendentale Dialektik und die praktische Philosophie' vom Wintersemester 1931/32 verweist Heidegger darauf, dass in der französischen Übersetzung von Descartes' *Principia Philosophiae* (Pars I, § 9) bereits der Terminus „nous l'appercevons" (für „nobis consciis") auftritt (Heidegger *GA* 84.1: 77–311, 165; vgl. Descartes 1996 (IX, 2): 28).

[150] Vgl. Leibniz 1978 (VI): 600 (*PNG* § 4); Übers. in: Leibniz 2014: 157; Leibniz 1999: 1529–1588, 1583f. (*DM* § 34) (= Leibniz 1978 (IV): 427–463, 459); Übers. in: Leibniz 2014: 3–109, 99.

[151] Heidegger *GA* 9: 85; vgl. *GA* 26: 106.

[152] Heidegger *GA* 9: 85; vgl. u. a. Leibniz 1978 (IV): 482 (*SN* § 11); Übers. in: Leibniz 1995: 28.

ist, weil es gewissermaßen ein Analogon zu dem bildet, was uns selbst innewohnt, nämlich zu Vorstellung und Streben."[153]

Im Ausgang von einer der wesentlichsten Textstellen für die erörterte Thematik, nämlich aus dem Brief an de Volder vom 20. Juni 1703, gibt Heidegger eine nochmals vertiefende Zusammenfassung seiner Ausführungen. Er gibt zunächst folgende Übersetzung der Briefstelle:

„Es ist notwendig, daß sich die Entelechien (die Monaden) untereinander unterscheiden, bzw. einander nicht völlig ähnlich sind. Sie müssen sogar (selber als solche) die Prinzipien der Verschiedenheit sein; denn jede drückt je anders das Universum aus gemäß ihrer Weise des Sehens (des Vor-stellens). Eben dies ist ihre eigenste Aufgabe, ebenso viele lebende Spiegel des Seienden, bzw. ebenso viele konzentrierte Welten zu sein [idque ipsarum officium est ut sint totidem specula vitalia rerum seu totidem Mundi concentrati]."[154]

Es ergeben sich fünf wesentliche Folgerungen:[155]

1. Die Unterscheidung der Monaden ist eine notwenige, die zu ihrem Wesen gehört, und zwar vereinzelt sich jede Monade sich einigend je aus ihrem Augenpunkt (Perspektive).

2. Die Monaden sind selbst „der Ursprung ihrer jeweiligen Verschiedenheit"[156] auf Grund ihrer vor-stellend-strebenden Sehweise. Ihre „jeweilige Verschiedenheit" könnte man sehr wohl auch als ihre „Jeweiligkeit" bezeichnen. Es ist nämlich darauf zu verweisen, dass Heidegger das existenziale Phänomen, das er in § 9 von *Sein und Zeit* als die „Jemeinigkeit" des Daseins einführt, zuvor als die „Jeweiligkeit" bezeichnete.[157] Es ist nicht zu viel behauptet, dass sich für Heidegger in der Vereinzelung der Monaden (principium individuationis) in gewisser Weise schon das Phänomen der Jemeinigkeit andeutet.

3. Dieses einigend-vereinzelnde Dar-stellen (Re-präsentieren) des Universums je aus einem Augenpunkt ist gerade dasjenige, „um das es der Monade je als solcher in ihrem Sein (Drang) geht".[158] Die Formulierung, dass es dem Seienden (Dasein) in seinem Sein „um sein Sein geht", findet sich an zahlreichen Stellen von *Sein und Zeit* und verweist auf das Phänomen der *Sorge*.[159] Das Drängen der Monade wird von Heidegger auf das Phänomen der Sorge (und damit der Zeitlichkeit) hin anvisiert und ausgelegt. Wie wir in § 2 a) gesehen haben, wurde in der

---

[153] Heidegger *GA* 9: 86; *GA* 26: 107; zit. nach: Leibniz 1978 (II): 267–272, 270; Übers. nach: Leibniz 1996a (II): 518–525, 523.

[154] Heidegger *GA* 9: 99; vgl. *GA* 26: 120; lateinischer Text vom Verf. ergänzt nach: Leibniz 1978 (II): 248–253, 252.

[155] Vgl. Heidegger *GA* 9: 100; *GA* 26: 120f.

[156] Heidegger *GA* 9: 100; *GA* 26: 120.

[157] Heidegger *GA* 2: 57, vgl. 71; *GA* 64: 45ff., 112ff.; *GA* 20: 205ff., 325.

[158] Heidegger *GA* 9: 100.

[159] Vgl. Heidegger *GA* 2: 59, 204, 257, 309, 380, 394, 440.

Vorlesung *Prolegomena zur Geschichte des Zeitbegriffs* der Drang nur auf *ein* Moment der Sorge hin ausgelegt, nämlich auf das Sich-vorweg-sein, welches in der Zu-kunft gründet.

4. Das Zentrum der je verschiedenen Konzentration des Universums („concentrationes universi"[160]) ist der jeweilige aus einem Augenpunkt bestimmte Drang einer Monade.

5. Die Monade ist ein „lebender Spiegel (miroir vivant)"[161] des Universums. Heidegger deutet das drängende unteilbare, einfache Spiegeln als „ein Sehen-lassen" und dieses Sehenlassen als „Enthüllung": „In der Weise des monadischen Seins wird erst dieses Sehenlassen, vollzieht sich die jeweilige Enthüllung der Welt."[162] Das Wort „Enthüllung" verweist auf das Phänomen der Wahrheit als Un-verborgenheit, griechisch a-létheia (ἀ-λήθεια).[163] Wir werden in § 6 noch darauf zurückkommen, dass das lichtend-enthüllende Spiegeln der Monade in dem Leibniz-Seminar vom Wintersemester 1935/36 auf dem Boden des sich entfaltenden Ereignis-Denkens in anderer Weise ausgelegt wird.

*

Es soll abschließend noch auf das *endliche* Wesen der geschaffenen Monaden eingegangen werden, nämlich das, was sich als Widerständiges erweist, dem Drang als solchem entgegensteht. Heidegger schreibt: „Sofern die Monade je in *einem* Augenpunkt das Ganze ist, ist sie gerade auf Grund dieser Zuordnung zum Universum endlich: Sie verhält sich zu einem Widerstand, zu solchem, was sie nicht ist, aber gleichwohl sein könnte."[164] Den Ausgang der Erörterung bildet wiederum der Brief an de Volder vom 20. Juni 1703, der hier nochmals zitiert werden soll: „Ich unterscheide also erstens die *ursprüngliche Entelechie* oder die *Seele* [Entelechiam primitivam seu Animam], zweitens die *Materie* – nämlich die *erste Materie* oder die *passive, ursprüngliche Kraft* [Materiam nempe primam seu potentiam passivam primitivam], drittens die *vollständige Monade*, in der die beiden Momente vereint sind, viertens die *Masse* oder die *zweite Materie* [Massam seu materiam secundam] […]."[165] Was die *zweite* Materie (der Körper) betrifft, soll noch die (nicht abge-

---

[160] Leibniz 1978 (II): 275–278, 278 (Brief an de Volder, 1705); Übers. in: Leibniz 1996a (II): 525–530, 530.

[161] Leibniz 1978 (VI): 599 (*PNG* § 3); Übers. in: Leibniz 2014: 155; Leibniz 1978 (III): 621–624 (Brief an Remond, Juli 1714, Beilage), 623; 634–640 (Brief an Remond, 11. Februar 1715), 635f.; Übers. in: Leibniz 1996a (II): 630–632, 632; 634–638, 636; vgl. auch Leibniz 1978 (VI): 618 und 620 (*Mon.* §§ 63 und 77); Übers. in: Leibniz 2014: 137f. und 145.

[162] Heidegger *GA* 9: 100.

[163] Vgl. Helting 1997.

[164] Heidegger *GA* 9: 100; vgl. *GA* 26: 121f.

[165] Leibniz 1978 (II): 252; Übers. nach: Leibniz 1996a (II): 506.

schickte) Beilage zu Leibniz' Brief an Nicolas Remond vom Juli 1714 angeführt werden: „Die Aggregate [Les Assemblages] aber sind dasjenige, was wir Körper [corps] nennen. In dieser Masse nennt man Materie oder auch leidende Kraft oder ursprünglichen Widerstand [matiere ou bien force passive ou resistance primitive] das Prinzip der Passivität [le passif], das man in den Körper als überall gleichförmig ansieht [...]."[166] Die Körper als solche sind aber keine Substanzen, „sondern nur gut gegründete Phänomene [mais seulement des phenomenes bien fondés]"[167] auf der Grundlage der Substanzen (Monaden). Wenn es aber eine *erste* und eine *zweite* Materie als Prinzip der Passivität oder des Widerstands gibt, muss entsprechend auch die aktive Kraft zweifach sein. Hierauf kommt Leibniz bereits in der Schrift *Specimen Dynamicum* (1695) zu sprechen.[168] Im dritten Absatz des ersten Teils heißt es zur aktiven Kraft:

„Zweifach also ist die *aktive Kraft [vis Activa]* (die man mit einigen nicht schlecht *Wirksamkeit [Virtutem]* nennen mag), und zwar entweder *ursprünglich [primitiva]*, die jeder körperlichen Substanz [substantia corporea] an sich innewohnt [...], oder *abgeleitet [derivativa]*, die gleichsam aus der Begrenzung [limitatione] der ursprünglichen aus dem Zusammenprall der Körper untereinander hervorgehend, auf verschiedene Weise ausgeübt wird. Die ursprüngliche [primitiva] freilich (die nichts anderes ist, als die erste Entelechie [quae nihil aliud est quam ἐντελέχεια ἡ πρώτη[169]]) entspricht *der Seele oder der substantiellen Form [animae vel formae substantiali* respondet] [...]."[170]

Auch die passive Kraft ist wiederum zweifach, was oben schon durch die Bezeichnungen „erste Materie" und „zweite Materie" zum Ausdruck kam.[171] Im dritten Absatz heißt es weiter:

„Auf ähnliche Weise ist auch die passive Kraft [vis passiva] zweifach, entweder ursprünglich [primitiva] oder abgeleitet [derivativa]. Und zwar macht *die ursprüngliche Kraft des Leidens* oder des *Widerstehens [vis primitiva patiendi* seu *resistendi]* genau das aus, was in der Schulphilosophie, wenn man richtig interpretiert, *erste Materie [materia prima]* genannt wird, wodurch es freilich geschieht, daß ein Körper von einem anderen Körper [corpus a corpore] nicht durchdrungen wird [non penetretur], sondern ihm ein Hindernis [obstaculum] stellt, und zugleich mit einer gewissen Trägheit [ignavia], um es so auszudrücken, das heißt

---

[166] Leibniz 1978 (III): 622; Übers. nach: Leibniz 1996a (II): 630.
[167] Leibniz 1978 (III): 622, vgl. 636; Übers. nach: Leibniz 1996a (II): 630, vgl. 636. Die lateinische Formulierung lautet: „phaenomenon bene fundatum" (Leibniz 1978 (II): 276, vgl. 268; Übers. in: Leibniz 1996a (II): 527, vgl. 520f.).
[168] Vgl. Heidegger *GA* 33: 96f.; *GA* 84.1: 481.
[169] Nach Aristoteles 1995: 62 (De anima B 1, 412 a 27).
[170] Übers. und lateinischer Text nach: Leibniz 1982: 6f.; lateinischer Text auch in: Leibniz 1971: 234–254, 236.
[171] Vgl. auch Heidegger *GA* 33: 96f.

einem Widerstand gegen die Bewegung [ad motum repugnatione] ausgestattet ist und es daher nur dann duldet, fortgetrieben zu werden [impelli], wenn die Kraft des Agierenden [vi agentis] etwas geschwächt wird [fracta]. Woraus sich nachher auf verschiedene Weise *die abgeleitete Kraft des Leidens [vis derivativa patiendi]* in *der zweiten Materie [materia secunda]* zeigt."[172]

Es lassen sich also vier miteinander zusammenhängende Kräfte unterscheiden:

Bei den Monaden oder einfachen Substanzen:
die ursprüngliche aktive Kraft (vis primitiva activa) oder die erste Entelechie (Seele oder substantielle Form)   und
die ursprüngliche passive oder widerständige Kraft (vis primitiva passiva sive resistiva) oder die erste Materie (materia prima).

Bei den Körpern oder Aggregaten (Phänomenen):
die abgeleitete aktive Kraft (vis derivativa activa)   und
die abgeleitete passive oder widerständige Kraft (vis derivativa passiva sive resistiva) oder die zweite Materie (materia secunda) (= Masse).

Die aktive und die passive Kraft der Körper sind „abgeleitete", weil sie jeweils in der ursprünglichen aktiven und passiven Kraft der (endlichen) Substanzen fundiert sind.[173] Im Ausgang von einer weiteren Stelle aus Leibniz' Brief an de Volder vom 20. Juni 1703 sagt Heidegger: „In allem endlichen Drang, der sich je in einer Perspektive vollzieht, liegt immer und notwendig Widerständiges, was dem Drang als solchem entgegensteht".[174] Mit jeder endlichen Substanz, „omnis substantia finita"[175], wie es in dem Brief heißt, sind alle Substanzen außer der göttlichen Urmonade angesprochen, der keinerlei Begrenzung oder Einschränkung zukommt. Wie kann aber den endlichen oder geschaffenen Monaden jeweils etwas Widerständiges oder eine Begrenzung (Negation) zukommen, wenn sie quasi in sich selbst eingeschlossen sind, keine Fenster haben? Eine solche Begrenzung muss daher, wie es am Schluss der bereits angesprochenen Schrift ‚De primae philosophiae Emendatione' auch explizit heißt, eine geschaffene Substanz von jeder anderen geschaffenen Substanz *im Voraus* (durch göttliche Anpassung) je schon empfangen haben.[176] Mit dem Strukturmoment der Passivität oder Widerständigkeit gelingt es Leibniz, den Nexus der Monade mit einem materiellen Körper metaphysisch zu begründen und verständlich zu machen: „Dieses Strukturmoment der Passivität gibt Leibniz das Fundament, um den nexus der Monade mit einem materiellen Körper (materia secunda, massa) metaphysisch verständlich zu machen und positiv zu zeigen, warum die extensio nicht, wie Descartes lehrte, das

---

[172] Leibniz 1982: 8f.; auch in: Leibniz 1971: 236f.
[173] Vgl. Leibniz 1978 (II): 251; Übers. in: Leibniz 1996a (II): 505.
[174] Heidegger *GA* 26: 121; vgl. Leibniz 1978 (II): 248f.; Übers. in: Leibniz 1996a (II): 501.
[175] Leibniz 1978 (II): 249.
[176] Leibniz 1978 (IV): 470; zit. in: Heidegger *GA* 26: 104.

Wesen der materiellen Substanz ausmachen kann."[177] Insofern kommt die Bestimmung als Drang auch den materiellen Körpern zu. Ausdrücklich sagt Heidegger: „Diese Bestimmung als Drang gilt auch für die körperliche Substanz; im Aneinanderstoßen von Körpern wird lediglich der Drang mannigfach begrenzt und beschränkt."[178] Auf Heideggers Leibniz-Seminar vom Wintersemester 1935/36 vorgreifend, kann aber gesagt werden, dass nach Heideggers Auslegung nur den einfachen Substanzen oder Monaden die *volle zeitliche Erstreckung* (Vergangenheit, Gegenwart, Zukunft) und *Kontinuität* zukommt, nicht aber den materiellen Körpern als solchen. Heidegger verweist in dem Seminar auf den „merkwürdigen Satz" (§ 17) in Leibniz' früher Schrift ‚Theoria motus abstracti' (Winter 1670/71 [?]): „Omne […] corpus est mens momentanea […]."[179] Nach Heideggers Übersetzung lautet der Satz: »Das Sein des Körpers ist ein augenblicklicher Geist«.[180] Die von Leibniz entwickelte Theorie des Körpers und der Bewegung ist vielschichtig und kann hier nicht rekonstruiert werden.[181]

b) Die Interpretation der Fensterlosigkeit der Monaden in der Vorlesung *Einleitung in die Philosophie* vom Wintersemester 1928/29

In seiner Freiburger Vorlesung *Einleitung in die Philosophie* vom Wintersemester 1928/29 behandelt Heidegger in § 18 das Problem von „Dasein und Mit-sein" und im anschließenden § 19 (nach der Gliederung der Herausgeber) „Leibniz' Monadologie und die Interpretation des Miteinanderseins". Heidegger verweist auch hier auf „den Reichtum und die Tiefe" der Leibniz'schen Konzeption der ‚Monadologie' mit der Einschränkung, dass er den traditionellen Subjektbegriff „so wenig überwunden hat, daß er ihn gerade hierzu voraussetzt".[182] Sieht man aber davon ab, dann ist für ihn „die Leibnizsche Monade eine der kühnsten Ideen, die überhaupt seit Platon in der Philosophie lebendig wurden".[183] Was das Problem des Miteinanderseins betrifft, kommt er auf das bereits in der Vorlesung vom Sommersemester 1928 angesprochene Problem der Fensterlosigkeit der Monaden zurück:

„Monaden haben keine Fenster, weil sie keine brauchen; sie brauchen keine, weil sie alles in sich haben, schlechthin geschlossen sind, nicht offen. Sie bedürfen

---

[177] Heidegger *GA* 9: 101; vgl. *GA* 33: 95f.
[178] Heidegger *GA* 26: 103.
[179] Leibniz 1990: 258–276, 266 (= Leibniz 1978 (IV): 221–232, 230; Leibniz 1971: 61–80, 69); zit. in: Heidegger *GA* 88: 115 Anm. 15.
[180] Heidegger *GA* 84.1: 625f., vgl. 768–770; vgl. auch *GA* 88: 110.
[181] Vgl. dazu Lee 2008.
[182] Heidegger *GA* 27: 143.
[183] Heidegger *GA* 27: 143.

keines Kommerziums, keines Bezugs zu anderen, sondern in allen ist je das Ganze und alle sind durch das Ganze im Sinne der höchsten Monade als entia creata. ‚Einfühlung' dagegen gibt der Monade Fenster, ja die Einfühlung ist gleichsam das Fenster.

Dagegen besagt unsere Interpretation mit Leibniz: Die Monade, das Dasein hat keine Fenster, weil sie keine braucht. Aber die Begründung ist verschieden: Die Menschen brauchen keine, nicht, weil sie nicht hinaus zu gehen brauchen, sondern weil sie wesenhaft schon draußen sind. Diese Begründung aber ist Index einer total anderen Wesensbestimmung des Subjekts. Es gilt nicht, den monadologischen Ansatz zu ergänzen und durch Einfühlung zu verbessern, sondern zu radikalisieren."[184]

Die Fensterlosigkeit der Monade darf für Heidegger keinesfalls „egoistisch" verstanden werden, sondern als ein Versuch, den Weltbezug in einer höheren Ursprünglichkeit zu fassen.[185] Mit „einer total anderen Wesensbestimmung des Subjekts" ist das seinsverstehende Dasein in seinem In-der-Welt-sein als Mit- und Selbstsein angesprochen.[186] Der Hinweis auf „die Einfühlung" als „gleichsam das Fenster" zwischen den Monaden spielt vor allem auf Edmund Husserls Einfühlungstheorie des Bewusstseins an.[187] Beispielsweise schreibt Husserl in einem Text vom Sommersemester 1920 mit dem Titel (des Herausgebers) ‚Einfühlung als ›innere Erfahrung‹. Die Monaden haben Fenster':

„*Leibniz* sagte, Monaden haben keine Fenster. Ich aber meine, jede Seelenmonade hat unendlich viele Fenster, nämlich jede verständnisvolle Wahrnehmung eines fremdes Leibes ist solch ein Fenster, und jedesmal, wenn ich sage, bitte, lieber Freund, und er antwortet mir verständnisvoll, ist aus unseren offenen Fenstern ein Ichakt meines Ich in das Freundes-Ich übergegangen und umgekehrt, eine wechselseitige Motivation hat zwischen uns eine reale Einheit, ja wirklich eine reale Einheit hergestellt."[188]

Die Möglichkeit der Fremderfahrung war für Leibniz selbst noch weitgehend unproblematisch. Wie aus Kapitel 11 des vierten Buchs der *Nouveaux Essais sur l'Entendement humain* (1703–1705), der *Neuen Abhandlungen über den menschlichen Verstand*, mit dem Titel „Von unserer Erkenntnis des Daseins der übrigen Dinge (De la connoissance que nous avons de l'Existence des autres choses)" ersichtlich ist, verläuft für ihn die Erkenntnis anderer Menschen nach den gleichen Regeln wie die Erkenntnis der übrigen Dinge.[189] Eine davon abweichende Sicht-

---

[184] Heidegger *GA* 27: 144f. „Radikal" ist zu verstehen im Sinne von „bis auf die Wurzel" (lateinisch radix), „von Grund auf" (Pfeifer 2010: 1074).

[185] Vgl. Heidegger *GA* 85: 11f.

[186] Vgl. Heidegger *GA* 2: 152 (Überschrift).

[187] Vgl. Husserl 1963: 121–177; vgl. dazu Held 1972.

[188] Husserl 1973: 470–475, 473, vgl. 483f.; vgl. dazu Neumann 2006c und 2011.

[189] Leibniz 1962: 443–447 (= Leibniz 1978 (V): 424–429); Übers. in: Leibniz 1996b: 477–483.

weise der Erfahrung anderer *geistiger* Wesen deutet sich aber in Leibniz' wichtigem Brief an die Königin Sophie Charlotte von Preußen (1668–1705) aus dem Jahr 1702 an:

„Dieser Gedanke *meiner selbst* [Cette pensée de *moy*], der ich mir der Sinnesobjekte und meiner eignen, hieran anknüpfenden Tätigkeit bewußt werde [m'apperçois], fügt zu den Gegenständen der Sinne etwas hinzu [adjoute quelque chose aux objets des sens]. Es ist etwas ganz andres, ob ich an eine Farbe denke oder ob ich zugleich über diesen Gedanken reflektiere [considerer qu'on y pense], ebenso, wie die Farbe selbst von dem ‚Ich', das sie denkt, verschieden ist. Da ich nun einsehe, daß auch andre Wesen das Recht haben können, ‚Ich' zu sagen [que d'autres Estres peuvent aussi avoir le droit de dire *moy*], oder daß man es für sie sagen könnte, so verstehe ich daraus, was man ganz allgemein als *Substanz* bezeichnet. Es ist ferner die Betrachtung meiner selbst, die mir auch andre *metaphysische* Begriffe, wie die der Ursache, Wirkung, Tätigkeit, Ähnlichkeit u.s.w., ja selbst die Grundbegriffe der *Logik* und der *Moral* liefert."[190]

Im folgenden § 20 verweist Heidegger noch auf andere Theorien des „Miteinander". In der kurzen Erörterung der „Ich-Du-Beziehung"[191] setzt er sich (ohne explizit darauf zu verweisen) mit dem Hauptwerk *Ich und Du* (1923) des österreichisch-israelischen Religionsphilosophen Martin Buber (1878–1965) auseinander.[192]

---

[190] Leibniz 1978 (VI): 499–508, 502; Übers. nach Leibniz 1996a (II): 580–591, 583; zit. in: Heidegger *GA* 26: 108; *GA* 9: 88.

[191] Heidegger *GA* 27: 145f.

[192] Buber 1995; vgl. Casper 2017: 258–326.

II

Die zweite Hauptphase der Leibniz-Rezeption
im Übergang zum Ereignis-Denken

§ 5 Die Gesamtinterpretation der ‚Monadologie' im Leibniz-Seminar
vom Wintersemester 1935/36

Heideggers umfangreichste Auseinandersetzung mit der Philosophie von Leibniz, vor allem mit der sogenannten ‚Monadologie', bildet das Freiburger Seminar vom Wintersemester 1935/36 mit dem Titel ‚Leibnizens Weltbegriff und der Deutsche Idealismus (Monadologie)', das in der Einleitung (§ 1 b) als „die *zweite* Hauptphase" bezeichnet wurde.[193] Die ‚Monadologie' ist für Heidegger in ihrer Gesamtheit kein methodisch geschlossenes System eines Beweisgangs, sondern ist zunächst einmal darauf ausgerichtet, in einer strengen Schrittfolge der Gedanken den Aufweis einer rational einsichtigen *Ordnung des Seienden im Ganzen* zu erbringen.[194] Insofern steht auch diese Schrift auf dem Boden der überlieferten Metaphysik und ihrer Leitfrage: *Was ist das Seiende?*[195]

a) Die Gliederung der ‚Monadologie'

Eine Gliederung der Gedankenfolge der ‚Monadologie' in insgesamt 15 abhebbare Sinneinheiten hat Heideggers Marburger Schüler Gerhard Krüger (1902–1972) in seiner erstmals 1933 erschienenen Ausgabe Leibniz'scher Hauptwerke[196] im Alfred Kröner Verlag vorgelegt, die auch Heidegger in seinem Leibniz-Seminar vom Wintersemester 1935/36 erwähnt.[197] Heideggers phänomenologisch-hermeneutische Erörterung auf dem Boden der aus-einander-zu-legenden Sinneinheiten der ‚Monadologie' stimmt mit dieser Gliederung (soweit von ihm thematisiert) weitgehend überein, der Gesamtzusammenhang des Gedankengangs in seinem Verhältnis zur überlieferten Metaphysik kommt bei ihm aber noch deutlicher zum Vorschein.

In welcher Sprache spricht die ‚Monadologie'? Ausgehend von Leibniz' Unterscheidung von „le langage Metaphysique" und „la practique" ist für Heidegger gerade „in der Monadologie ‚populär' (besser praktisch) gesprochen […] und doch

---

[193] Heidegger *GA* 84.1: 389–530 (Aufzeichnungen Heideggers), 579–653 (Protokolle), 752–815 (Mitschriften); vgl. Neumann 2017.
[194] Heidegger *GA* 84.1: 593.
[195] Vgl. Heidegger *GA* 88: 20–24, 100f.
[196] Leibniz 1967: 130f.; vgl. dazu Herrmann 2015: 48f.
[197] Vgl. Heidegger *GA* 84.1: 881.

alles metaphysisch gemeint".[198] In der „versuchte[n] *Um*wendung in der *über*kommenen Begriffssprache und Sprache überhaupt (das gewöhnliche Wortverstehen)" liegt für Heidegger aber die Gefahr, „völlig *mißverstanden* [zu] werden und *unverstanden* [zu] bleiben".[199] Als Beispiel für die überkommene Begriffssprache kann die scholastischen Akt-Potenz-Lehre genannt werden, die Leibniz einerseits im Rückgang auf den wahren Aristoteles zu überwinden versucht, an deren Begrifflichkeit er andererseits noch gebunden bleibt.[200]

Zum „allgemeinen Aufriß" der ‚Monadologie' heißt es in der relativ verlässlichen Mitschrift von Wilhelm Hallwachs:

„*§§ 1–36*   handelt von der Monade im *Allgemeinen*, und zwar mit einer Untergliederung von 18 ab, wo über den Stufenbau der Monaden gehandelt wird. Auch der Stufenbau gehört zu der Monade im Allgemeinen.

§§ 37–48   handelt von der Zentralmonade = Gott.

§§ 49–90   behandelt Gott im Verhältnis zur Welt.

Wir erkennen in diesem Aufriß wieder die alte Einteilung der Schulmetaphysik und zwar

1.   *Metaphysica generalis*. Vom Sein im Allgemeinen §§ 1–36
2.   *Metaphysica specialis*
             a) Cosmologia   §§ 49–90
             b) Psychologia   ?[201]
             c) Theologia   §§ 37–48

Die Psychologie[201] hat bei Leibniz als *eigene* metaphysische Disziplin keine Stelle und keinen Sinn, weil der Charakter der Seele *mit*gehört zur Bestimmung einer Substanz *überhaupt*. Die Psychologie gehört daher in die Metaphysica *generalis*. Schon das Sein ist im Sinne der Substanz, d. h. der Monade, gefaßt."[202]

Ein undatiertes Manuskript (ohne Überschrift) von Leibniz, das Louis Couturat unter dem Titel „Division de la Philosophie" edierte, bestätigt Heideggers Zuordnung der Psychologie. Leibniz unterscheidet hier u. a. zwischen „Philosophia Theoretica rationalis" und „Philosophia Theoretica experimentalis". Zum rationalen Teil der Theoretischen Philosophie gehört u. a. die „Doctrina de subjectis". In diesem Zusammenhang heißt es zur Monade: „Substantia originalis est Monas, et hujus loci est *psychologia*."[203]

Heidegger und Leibniz stimmen darin überein, dass dem Menschen unter dem All des (geschaffenen) Seienden eine vorzügliche, herausgehobene Stellung für die

---

[198] Heidegger *GA* 84.1: 499; vgl. Leibniz 1999: 1553 (*DM* § 15) (= Leibniz 1978 (IV): 440); Übers. in: Leibniz 2014: 41.

[199] Heidegger *GA* 84.1: 499f.

[200] Vgl. Heidegger *GA* 84.1: 472ff.

[201] In *GA* 84.1 hier Verbindungsstrich von „?" zum folgenden Absatz „Psychologie".

[202] Heidegger *GA* 84.1: 754f., vgl. 597.

[203] Leibniz 1966: 524–529, 526.

Seinsfrage zukommt. Insofern verweist die Frage nach dem Sein zugleich auf die Frage: *Was ist der Mensch?* Mehrmals nennt Heidegger in seinem Seminar, insbesondere auch in seiner Aufzeichnung Nr. 8 zu § 29 der ‚Monadologie', die von Leibniz in einer tabellarischen Zusammenstellung angeführte Definition des Menschen: *„Homo* est animal cogitans […].“[204] Ausgehend von seiner eigenen existenzial-ontologischen Wesensbestimmung des Menschen als *Dasein*, bleibt auch Leibniz' monadologische Auslegung des Menschseins grundsätzlich noch dem überlieferten Leitfaden des griechischen zōon lógon échon (ζῷον λόγον ἔχον) und dessen weiterer Aus- und Umdeutung als *animal rationale* bzw. (in begrifflicher Anlehnung an Descartes) *animal cogitans* verhaftet. Von Heideggers „völlig andere[r] Grundstellung von Da-sein“ aus betrachtet, ist die von Leibniz gestellte Seinsfrage „defizient“.[205]

Vom Leitfaden des „*Vernünftige[n]* Lebewesen[s]“[206] unterscheidet Heidegger, wie es in der Mitschrift von Wilhelm Hallwachs heißt, sein eigenes Denken: „Der Mensch ist *eigentlich* nur begreifbar in seinem Sein durch sein *Da-sein*, während Baum, Tier, Stein, auch *Gott kein* Dasein haben wie der Mensch.“[207] In seiner Hölderlin-Vorlesung vom Wintersemester 1934/35 sagt Heidegger sogar: „Der Sprung vom lebenden Tier zum sagenden Menschen ist ebenso groß oder noch größer als der vom leblosen Stein zum Lebendigen.“[208] Ausgehend von § 30 der „Monadologie“ heißt es nach der genannten Mitschrift zur Stellung des Menschen: „Die Mitte (zwischen nackter Monade und Gott), woran der Seinsbegriff gewonnen wird, *bin ich selbst.*“[209] Nach Heideggers Auslegung der ‚Monadologie' sind nicht nur die Lebewesen (Pflanzen, Tiere und Menschen) beseelt, sondern auch die „nackten Monaden“ sind *Entelechien* (im weiteren Sinne) und werden – anders als bei Aristoteles – im Abbau vom menschlichen Ich oder Subjekt her erfahren: „*Entelechie* von subjectum und ‚Ich' her – auch wo nackte Monaden und Pflanze und Tier sind sie im Abbau vom Ich her begriffen | auch da nie aristotelisch.“[210]

Wesentlich ist für Heidegger die Unterscheidung des menschlichen Da-seins vom *göttlichen Sein.* Nach Heideggers Auslegung bleibt Gott für Leibniz letztendlich immer noch „der Maßstab für das, was Sein überhaupt heißt“[211]. Dasselbe gilt für Leibniz' Begriff der Erkenntnis: „Das heißt: der Leibnizsche Erkenntnisbegriff

---

[204] Heidegger *GA* 84.1: 398, vgl. 630, 775, 778, 784, 806; vgl. Leibniz 1966: 437–510 (Table de définitions), 438.

[205] Heidegger *GA* 84.1: 397.

[206] Heidegger *GA* 84.1: 397.

[207] Heidegger *GA* 84.1: 783.

[208] Heidegger *GA* 39: 75.

[209] Heidegger *GA* 84.1: 782.

[210] Heidegger *GA* 84.1: 471. Zur Frage, ob Leibniz auch anorganische Wesen wie Salze, Mineralien (Steine) und Metalle als Monaden betrachtet, vgl. Neumann 2017: 70–75.

[211] Heidegger *GA* 84.1: 644.

ist der der absoluten Erkenntnis (im Sinne der christlichen Theologie).“[212] Maßstab und Ideal zur Bestimmung der menschlichen Erkenntnis ist demnach die „cognitio perfectissima“, „die Gott eigen ist“[213], unabhängig von der Frage, ob der Mensch diese göttliche Erkenntnis je zu erreichen vermag oder nicht. Heidegger dagegen greift in seiner eigenen Bestimmung der endlichen Erkenntnis des menschlichen Daseins vor allem auf den griechischen Begriff der Wahrheit als a-létheia (ἀ-λή-θεια, Un-verborgenheit) zurück, die er als einen *privativen* Ausdruck versteht.

Es soll nun in einem kurzen Durchgang der Aufbau der ‚Monadologie‘ noch etwas detaillierter dargelegt werden. In den Abschnitten Nr. 146–148 seiner Aufzeichnungen[214] gibt Heidegger eine Gliederung der ‚Monadologie‘, die hier summarisch zusammengestellt werden soll:[215]

§§ 1–36:	Die Monade im allgemeinen.
	Mit der Gliederung:
§§ 1–17:	Die „Natur“ (Wesen) der Monade überhaupt (Monade *als* Monade).
§§ 18–36:	Die Gründe ihrer Vollkommenheit (Stufen).
	Und hier die weitere Unterteilung:
§§ 1–7:	Der Weg (kein gradweiser) vom Zusammengesetzten zum *Einfachen*, vom „Äußeren“ zum „Inneren“.
(Mit § 8	kommt nach all diesen negativen Abgrenzungen „die *positive* Kennzeichnung der Monade“: „quelques qualités“.[216])
§§ 8–17:	Von Innen – Seele.
§§ 18–24:	Pflanzen – ohne Gedächtnis, Behalt.
§§ 25–28:	Tiere – Behalt.
§§ 29–30:	Geist (Mensch – Vernunft) in der von Descartes übernommenen Grundstellung des Selbstbewusstseins (cogito me cogitare; perceptio als *ap*-perceptio).
§§ 31–36:	Die zwei Prinzipien der Vernunft (Prinzip des Widerspruchs und Prinzip des zureichenden Grundes).
(Der § 36	bildet zugleich den Übergang zum Erweis der höchsten Monade (Gott).)

---

[212] Heidegger *GA* 84.1: 639; vgl. *GA* 47: 189; *GA* 67: 167.

[213] Heidegger *GA* 84.1: 639. In seiner *Schelling*-Vorlesung vom Sommersemester 1936 spricht Heidegger von der „absoluten Helligkeit des göttlichen Sich-selbst- und Alles-Vorstellens“ bei Leibniz (Heidegger *GA* 42: 159).

[214] Heidegger *GA* 84.1: 500–508, vgl. 590–600.

[215] Ein Übersicht der im Seminar behandelten Paragraphen der ‚Monadologie‘ gibt: Neumann 2017: 67–69.

[216] Heidegger *GA* 84.1: 753, vgl. 596; vgl. Leibniz 1978 (VI): 608.

Der weitere Weg wird in einem für das Seminar angefertigten Protokoll folgendermaßen zusammengefasst:

„Weil wir solche Monaden sind, die um das Sein in seiner Mannigfaltigkeit wissen, ist damit gegeben, daß unser Wissen gewissen Regeln unterliegt. Mit dem Satz vom zureichenden Grunde endet in § 36 der erste große Sinnabschnitt. Alle bisher behandelten Monaden haben trotz ihrer grundlegenden Unterschiede das Gemeinsame, daß sie ‚geschaffen' sind. §§ 36–48 handelte von der ersten, ungeschaffenen Monade, von Gott. In §§ 48–90 geht der Weg wieder zurück zu den anderen Monaden und sucht die Unterschiede und Bezüge zwischen diesen und der Zentralmonade festzustellen."[217]

Der Weg in §§ 48–90 geht also wieder zurück von Gott als der höchsten Monade zum All des geschaffenen Seienden (ens creatum), der Welt. Der Weg der ‚Monadologie' bewegt sich gewissermaßen im Kreis, er bildet im Sinne Heideggers einen hermeneutischen „Zirkel"[218]. Insofern versteht Heidegger die metaphysischen „Behauptungen bzw. allgemein zugestandene[n] Annahmen" der ‚Monadologie' „nicht als ‚Deduktion'" – „jedenfalls *keine geschlossene*" –, „sondern als geordnete Aufweisung der wesentlichen – gleich ursprünglichen Sätze, mit innerem *Zusammenhang*".[219]

b) Die substanziale Zeit und die ursprüngliche Einheit der Monaden

Für Heidegger hat Leibniz (wie vor ihm auf anderer Grundlage Augustinus im XI. Buch der *Confessiones*) zwar einerseits in seiner neuen Auslegung der Entelechie als ursprüngliche strebend-tätige Kraft die *„volle Zeitlichkeit"*[220] in den Blick gebracht, andererseits bleibt aber doch die ursprüngliche ekstatische Zeit, wie Heidegger sie in *Sein und Zeit* grundlegend freilegt, bei Leibniz selbst noch verhüllt.

Entelechie ist nach Heidegger „nicht *Anwesenheit* einer Tätigkeit als *Fertigkeit*, sondern anstrebendes (v[orstellendes]) *Insichstehen – entfaltendes Sich-beharren*".[221] In der Mitschrift von Wilhelm Hallwachs heißt es: „Dieses In-sich-selbsthalten, als ein sich entfaltendes Bewahren, ist das Wesen der ursprünglichen Kraft, der *vis primitiva* = der ursprungbildenden. Die Monade ist in ihrem eigenen Wesen eine *gründende* Weise des *Seins*."[222] Die Monade als ursprünglich einiges Insichstehen („ohne Fenster" nach § 7 der ‚Monadologie'[223]) ist zeitlich erstreckt in Vergangenheit (bewahrendes in sich Beharren) und Zukunft (vorgreifend-entfal-

---

[217] Heidegger *GA* 84.1: 592f.
[218] Heidegger *GA* 2: 202–204; vgl. (aus der Ereignis-Blickbahn gedacht) *GA* 66: 398; *GA* 10: 43.
[219] Heidegger *GA* 84.1: 448f.
[220] Heidegger *GA* 84.1: 471, vgl. 612, 625f., 765.
[221] Heidegger *GA* 84.1: 471, vgl. 429.
[222] Heidegger *GA* 84.1: 607 Anm. 54.
[223] Leibniz 1978 (VI): 607; vgl. Heidegger *GA* 84.1: 471 f., 499, 505–507, 595, 601, 612.

tendes In-sich-selbst-halten). Heideggers Übersetzung des entscheidenden § 22 der ‚Monadologie'[224] findet sich nur in einem Seminarprotokoll überliefert. Von der Monade heißt es hier, „daß jeder Zustand der Anstrebung als der eines einfachen Insichstehens so eine Folge des vorhergehenden sei, daß er den künftigen schon bei sich trägt".[225] Jeder neue Perzeptionszustand der Monade folgt „natürlicherweise (naturellement)" aus dem jetzt gerade gegenwärtig gewesenen Perzeptionszustand, dergestalt, dass die Zustände kontinuierlich (ohne Sprünge) ineinander übergehen. Die innermonadische Selbstentfaltung, die als „ein vorstellendes Streben bzw. strebendes Vorstellen"[226] zu verstehen ist, ist teleologisch, d. h. zweckursächlich und nicht wirkursächlich (wie die phänomenalen Körper) verfasst.[227] Das Telos liegt aber nicht außerhalb der Monade, sondern sie ist selbst ihr eigenes Telos, auf das hin sie sich entfaltet:

„*Positiv* besagt sie [die Kraft] das Immer-schon-unterwegs-sein der Monade zu sich selbst. Das Insichstehen ist nicht einfach ein Dastehen, sondern die Ständigkeit des Auf-sich-zu-strebens, des Sich-entfaltens als das, was in ihm liegt. Und insofern kann hier von *Entelechie* die Rede sein: die Monade ist ihr eigenes τέλος [télos], sie hält sich in sich selbst als Sich-entfaltendes."[228]

Der Terminus „Insichstehen" (charakterisiert als „Über-sich-hinaus-*zu* sich und so in sich sich ver*mögen*"[229]) ist Heideggers Über-setzung des Wortes „substance". Der überlieferte Begriff der Substanz wird von Leibniz in neuer Weise ausgelegt. Die Monade ist, wie es in Heideggers Übersetzung von § 1 der ‚Monadologie'[230] heißt, „nichts anderes als ein *einfaches Insichstehen*".[231] *In nuce* sind hierin schon alle weiteren Bestimmungen vorgeprägt.

Es soll hier nur noch auf die Zukunft eingegangen werden. Das Streben im Sinne der ursprünglichen aktiven Kraft, der vis activa primitiva, ist als „*An* → strebung" ein „ *vor-greifendes* " und damit ein „Ausgriff über sich hinaus und doch nur das *Insichstehen*".[232] Im „vorgreifenden einbehaltenden Anstreben"[233] liegt das Moment der Zu-kunft. In § 65 von *Sein und Zeit* heißt es nämlich: „Das Sich-vorweg gründet in der Zukunft."[234] Was in solchen Formulierungen zum Ausdruck kommt, verdeutlicht, dass die Zeitlichkeit der Monade auch noch in dem

---

[224] Leibniz 1978 (VI): 610; vgl. VI, 329 (*Théod.* III, § 360).
[225] Heidegger *GA* 84.1: 623.
[226] Heidegger *GA* 26: 113.
[227] Leibniz 1978 (VI): 620 (*Mon.* § 79); vgl. Herrmann 2004.
[228] Heidegger *GA* 84.1: 607.
[229] Heidegger *GA* 84.1: 479, vgl. 487.
[230] Leibniz 1978 (VI): 607.
[231] Heidegger *GA* 84.1: 501.
[232] Heidegger *GA* 84.1: 512 f.
[233] Heidegger *GA* 84.1: 478, vgl. 622f.
[234] Heidegger *GA* 2: 433.

Seminar vom Wintersemester 1935/36 auf die bei Leibniz selbst noch verdeckt gebliebene und nicht zum Durchbruch gelangte ursprüngliche ekstatische Zeitlichkeit des *Da-seins* hin anvisiert und ausgelegt wird. Wichtig ist für Heidegger, dass die zeitliche Erstreckung der Monade als Entelechie dem Wesen der Einheit nicht entgegensteht, sondern die *ursprüngliche Einheit* in der Vielheit gerade ausmacht und konstituiert. In der Mitschrift von Wilhelm Hallwachs ist folgende Übersetzung einer wichtigen Textstelle aus Leibniz' Brief an de Volder vom 21. Januar 1704 angegeben:

„,Unitates advoco [...]', ,ich ziehe die Einheit herbei' (d. h. die Frage nach der echten Bestimmung der *ursprünglichen* Einheit, im Gegensatz zur Summe), *,um* damit die Entelechie zu erweisen, obgleich auch jenes wahr ist, daß, *wenn die Entelechie* in ihrer Notwendigkeit als Grundbestimmung des eigentlich Seienden erwiesen *wäre, dann* auch der Weg gefunden wäre, um die Einheit als wahr und die Wirklichkeit ausmachend in Besitz zu nehmen.' "[235]

Es kann hier nur darauf hingewiesen werden, dass – aus dem Horizont des voll entfalteten seinsgeschichtlichen oder Ereignis-Denkens – in Heideggers spätem Vortrag ‚Zeit und Sein' (1962) die *einigende Einheit* der geschichtlich-geschicklich sich reichenden Zeit (möglicherweise neben Augustinus auch von der Auseinandersetzung mit Leibniz unmittelbar beeinflusst) besonders herausgestellt wird: „Ihre einigende Einheit kann sich nur aus ihrem Eigenen bestimmen, daraus, dass sie [d. h. Zukunft, Gewesenheit, Gegenwart] einander sich reichen."[236]

Wenn dem Drang selbst die Zeit in ihrer einigenden Einheit „entspringt"[237], dann kann mit Wolfgang Janke gefragt werden: „Warum dringt die Zeithaftigkeit der Repräsentation nicht zur vollen ekstatischen Zeitlichkeit des Daseins durch?"[238] Janke grenzt in seiner mit vielen Zitaten belegten Auslegung von Leibniz die an den Raum gekoppelte „lineare Zeit" der phänomenalen Körperwelt von der innermonadischen Zeit ab, die er als „substanziale Zeit" bezeichnet. Wolfgang Janke (1928–2019) lehrte Philosophie an der Bergischen Universität Wuppertal und hat sich sowohl mit Leibniz' als auch mit Heideggers Denken (und der Existenzphilosophie) eingehend auseinandergesetzt. Es zeigt sich, dass sich die von Janke in seinem Aufsatz zu Martin Heideggers 80. Geburtstag gegebene Antwort weitgehend mit Heideggers Ausführungen in seinem Leibniz-Seminar vom Wintersemester 1935/36 deckt, das der Verfasser erst im Jahr 2013 edierte. In Wilhelm Hallwachs' Mitschrift von Heideggers Seminar heißt es:

„Worin besteht dieses eigentümliche *persistere* der Monade? Die Vergangenheit genommen in Bezug auf die Zukunft: die *Einheit hiervon* ist entscheidend. Worin

---

[235] Heidegger *GA* 84.1: 766; vgl. Leibniz 1978 (II): 261–265, 261.
[236] Heidegger *GA* 14: 3–30, 18; vgl. Thurnher 2009: 106.
[237] Heidegger *GA* 26: 115.
[238] Janke 1970: 259.

besteht aber diese Einheit? Das *Gesetz* der Reihe, lex seriei! Dieses Sich-erstrecken aus der Vergangenheit in die Zukunft ist bei *jeder* Monade ein *bestimmt* gerichtetes. Jede Monade steht unter dem *Gesetz* der Reihe ihres Übergangs. Wenn *jede* Monade, also auch der Mensch, in seinem In-sich-stehen, in seiner eigenen Selbstständigkeit unter dem Gesetz *seiner* Reihe steht, d. h. unter der Abfolge und dem Ausgerichtetsein aller seiner Handlungen, so *könnte* damit schon jede Art von Freiheit unterbunden sein. Wir können jetzt auf diese Frage nicht erschöpfend eingehen. Hier ist nur wichtig, daß Leibniz die Frage der continua lex der series in den einzelnen Monaden auf ein Gesetz der Reihe zurückführt, derart, daß dieses Gesetz im Einklang steht mit der *Gesamt*gesetzlichkeit."[239]

Bei Janke heißt es ferner:

„Die substanziale Zeit [der Monaden] wird an den Gedanken einer absoluten Ordnung gebunden und kann daher nicht auf das freie Welt-Gründen des faktischen Daseins zurückgeführt werden. Sie läßt sich von der Idee einer absoluten Harmonie überwältigen, in der das Zeitschema einer unendlichen Ordnung transparent wird. Diese Ordnung ist die Disposition eines absoluten, alles auf seine höchsten Möglichkeiten durchrechnenden Verstandes."[240]

Damit ergibt sich für den Menschen: „Die Position der Endlichkeit wird durch den Gedanken einer absoluten Ordnung und Disposition überwältigt."[241] Ebenso verweist Heidegger in seiner Aufzeichnung Nr. 57 mit der Überschrift „Für Leibnizens Grundstellung entscheidend" schon in diesem Seminar auf „das Gesetz der Ordnung" und „die Mathematisierung der ganzen *Monadologie*!"[242] Das Vordringen der „Herrschaft des mathematischen (im weiten Sinne) Denkens"[243] in der Neuzeit wird uns bei der Erörterung von Heideggers Spätphilosophie noch beschäftigen.

c) Zusammenfassung zur Grundstellung der Leibniz'schen Monadenlehre

Zusammenfassend kann für die Grundstellung der Leibniz'schen Monadenlehre Folgendes herausgestellt werden, auch wenn von Heidegger nicht alle Punkte in dem Seminar explizit erörtert werden:

1. Mit dem *eigentlichen* Sein der je einzelnen Monade als absolutem (unveränderlichem, ewigem) individuellem *Gesetz* (lex seriei) bleibt bei Leibniz – zeitlich betrachtet – doch „der alte *Seinsbegriff*"[244] der griechischen ousía (οὐσία) als

---

[239] Heidegger *GA* 84.1: 774, vgl. 395; vgl. Janke 1970: 282.
[240] Janke 1970: 282.
[241] Janke 1970: 281.
[242] Heidegger *GA* 84.1: 445
[243] Heidegger *GA* 65: 65.
[244] Heidegger *GA* 84.1: 472; vgl. *GA* 88: 106.

„beständige Anwesenheit"[245] (totum simul praesens[246]), wenn auch „in einer Umwendung auf das *Subjekt*"[247] (und vermittelt mit der christlichen Theologie und der mathematischen Physik), herrschend.[248] Wie es Heidegger in seinen Seminaraufzeichnungen formuliert, besteht „das Bleiben, die *Beständigkeit*, das | ἀεί *[aeí]* | *der Selbigkeit – im Gesetz der series*".[249] Unter Bezugnahme auf Leibniz' *Essais de Théodicée* (1710) gibt Hans Poser folgende Begründung:

„Leibniz hat bei der Zeit Strukturen wie die Ordnung der natürlichen Zahlen oder der Glieder einer mathematischen Reihe vor Augen, *die unabhängig von der Zeit sind* und in einer Formel angegeben werden können. Für die inneren Zustände der Monaden bedeutet diese Sicht, dass sie eine Aufeinanderfolge im Sinne des erwähnten individuellen inneren Gesetzes bilden. Der metaphysische Hintergrund ist folgender: Wenn Gott unter ganzen Weltläufen als möglichen Welten die beste auswählt (wie dies in der *Theodizee* entwickelt wird), so kann es in den möglichen Welten ja keine Zeit geben, existieren sie doch nur als Möglichkeiten, es kann sich also nur um eine innere Ordnungsstruktur handeln.

Wird die Welt geschaffen, so muss sich diese zunächst nur formale Ordnungsstruktur als eine Abfolge entfalten."[250]

2. Damit verbunden ist (Heidegger gibt nur eine Übersetzung von § 4 der ‚Monadologie'[251], die §§ 73 und 76 werden nicht mehr behandelt) die (natürliche) Unsterblichkeit der Monaden im Unterschied zu dem von Heidegger herausgestellten endlichen „Sein zum Tode" (des Menschen).[252]

3. Ebenso ist damit Leibniz' Freiheitsbegriff in gewisser Weise „ungenügend"[253]. Zum Willen, der „zwar immer determiniert, aber nicht nezessitiert – genötigt, sondern *inkliniert*" ist, bemerkt Heidegger nur: „Ist mit dem Nachweis des nicht mechanischen Charakters schon die *‚Freiheit'* erwiesen?"[254] Eine vollständige Abwendung von einem quasi-mechanischen Denken (einer Mathesis im weiten Sinne) wird für Heidegger jedoch von Leibniz nicht vollzogen. Zu den §§ 359–377 im dritten Teil der *Essais de Théodicée*[255] schreibt er: „*Sicherheit –*

---

[245] Heidegger *GA* 84.1: 764.

[246] Vgl. Heidegger *GA* 88: 106.

[247] Heidegger *GA* 84.1: 764.

[248] In diesem Sinne bemerkt schon Janke: „Somit erschließt sich von der Zeitlichkeit des Repräsentationsprozesses her das, was im Horizont der Monadologie Sein bedeutet: beständige Anwesenheit des Gesetzes." (Janke 1970: 282)

[249] Heidegger *GA* 84.1: 479, 485f.

[250] Poser 2016: 180 (1. Hervorhebung vom Verf.).

[251] Leibniz 1978 (VI): 607; Übers. in: Heidegger *GA* 84.1: 505, vgl. 595.

[252] Heidegger *GA* 2: 314–354; vgl. schon *GA* 62: 181, 358–360; *GA* 64: 48ff., 115ff.; *GA* 80.1: 141–144.

[253] Heidegger *GA* 84.1: 463; vgl. Neumann 2019b.

[254] Heidegger *GA* 84.1: 462; vgl. *GA* 42: 104.

[255] Leibniz 1978 (VI): 328–339.

feste Ausrichtung des Willens und Versicherung. *Das Entweder-Oder* zwischen völliger Unbestimmtheit und schlechthinnig Zwang ist falsch und im Grunde rein mechanisch."[256]

4. Die ursprüngliche Zeitlichkeit des existierenden Daseins ist überhaupt keine Reihe (series).[257] Als Bestätigung kann man mit Heidegger darauf verweisen, „[d]aß in den indogermanischen Sprachen die Unterscheidung der Aktionsarten der der ‚tempora' vorausgegangen ist".[258] Dieser linguistische Befund ist heute auch für ganz andere Sprachen (Eingeborenensprachen) bestätigt.[259] Das Verständnis der Zeit als unendliche Reihe bleibt letztlich dem mathematischen Verständnis einer linearen Zeit der Naturvorgänge und Naturgesetze verhaftet und ist somit im Sinne Heideggers eine „ontologische Rückstrahlung"[260] des Natur- und Weltverständnisses auf die Daseinsauslegung des Menschen. Was Heideggers Kritik an der unendlichen Zeit bei Leibniz betrifft, kann auf § 81 von *Sein und Zeit* verwiesen werden: „Am eindringlichsten offenbart die Hauptthese der vulgären Zeitinterpretation, daß die Zeit ‚unendlich' sei, die in solcher Auslegung liegende Nivellierung und Verdeckung der Weltzeit und damit der Zeitlichkeit überhaupt."[261]

Leibniz gelingt es nach Heideggers Auslegung nicht, die substanziale Zeit der Monaden von der überlieferten Auslegung (seit Aristoteles) der Zeit als Naturzeit, die Heidegger als die vulgäre Zeit oder die Jetzt-Zeit bezeichnet, grundlegend abzuheben. Nach dem Protokoll der 6. Sitzung des Leibniz-Seminars (und in sachlicher Übereinstimmung mit der Mitschrift von Wilhelm Hallwachs[262]) heißt es dazu: „Wenn Leibniz so einerseits das metaphysische Zeitproblem aufrollt, so konnte er es doch nicht durchführen, weil er schließlich vom rein physikalischen Zeitbegriff nicht loskommt."[263]

d) Der Seins- und Möglichkeitsbegriff von Leibniz

Leibniz' Begriff der *Möglichkeit* (im Sinne von Ver*mögen*) ist für Heidegger bereits in dessen Neuinterpretation des scholastischen Kraftbegriffs angelegt. Nach Heidegger ist

---

[256] Heidegger *GA* 84.1: 463.
[257] Vgl. Neumann 2012: 160 Anm. 28.
[258] Heidegger *GA* 64: 75 Anm. 5; vgl. *GA* 2: 462.
[259] Vgl. Gloy 2006: 9f., 143–161, 197–207.
[260] Heidegger *GA* 2: 22.
[261] Heidegger *GA* 2: 559.
[262] Vgl. Neumann 2017: 47 Anm. 116; 2019b: 106f.
[263] Heidegger *GA* 84.1: 610, vgl. 445; vgl. auch *GA* 53: 57.

„Kraft für Leibniz gerade die Grundart und *Weise des Seins*, die das Seiende als solches erst *durchherrscht (ἀρχή*[264]*)* – und *dieses Seyn* nicht etwa Vorhandenheit, sondern – *Insichstehen* – als Über-sich-hinaus-*zu* sich und so in sich sich ver*mögen* – mögen (verbunden sein, zugewendet – und dessen Seyn wollen!) – lieben, das Seyn selbst wollen.“[265]

Zu Leibniz' Entwicklung des Problems gibt Heidegger eine methodische Vorbemerkung:

„Leibniz entwickelt seine Ansicht im Anschluß an die in der Scholastik geschichtlich gegebene Gestalt des Problems. Diese Methode, die überhaupt ein Kennzeichen seiner Arbeitsweise ist, kann in gewissen Grenzen fruchtbar sein; sie bleibt aber immer nachteilig durch ihre Bindung an das, was gerade überwunden werden soll, und trägt deshalb oft den Keim des Mißverständnisses in sich.“[266]

Der Text, auf den Heidegger sich insbesondere bezieht, ist Leibniz' Schrift ‚De rerum originatione radicali‘[267] vom 23. November 1697. Von der reinen „Form der Möglichkeit“ (nuda possibilitas) im Sinne der bloßen „Widerspruchslosigkeit“ lässt sich unterscheiden:

1. das Mögliche als das „*Was* der Möglichkeit“ (quantitas realitatis, gradus essentiae) und

2. das Ver-*mögen* selbst (vis activa primitiva) als der „Drang zur Wirklichkeit“ (tendentia existendi, propensio ad existendum, exigentia existentiae).[268]

Dieser Begriff des eigentlichen Seins der Monade, nämlich *dýnamis (δύναμις)* als *vis* – conatus, tendentia, propensio, nisus, exigentia –, „*strahlt zurück* auf die Fassung des *Möglichseins*“.[269]

Auch und gerade bei Leibniz steht der Begriff des Grundes (raison, ratio) im engsten Zusammenhang mit der Seinsfrage und damit auch der Auffassung der Möglichkeit. In Heideggers Aufzeichnung Nr. 22 mit der Überschrift „Seyn bei Leibniz. Grund und Möglichkeit“ heißt es:

„Mit dem Satz vom Grunde ist diese Auffassung der Möglichkeit gesetzt und umgekehrt (VII, 302 ff.[270]). […]

---

[264] Das griechische Wort arché (ἀρχή) hat sowohl die Bedeutung „Ausgang und Anfang“ als auch Herrschaft als jenes, was *über* das von ihm Ausgehende „weggreift und so es einbehält und damit beherrscht“ (Heidegger *GA* 9: 239–301, 247; vgl. Vetter 2014: 230–232; Frisk 1960–1972 (I): 158).

[265] Heidegger *GA* 84.1: 479, vgl. 407, 487, 489, 612.

[266] Heidegger *GA* 84.1: 611; vgl. *GA* 23: 174f.; *GA* 88: 107.

[267] Leibniz 1978 (VII): 302–308, vgl. auch 194–197, 289–291 (24 Thesen oder Sätze); Übersetzung der Schrift ‚De rerum originatione radicali‘ unter dem Titel ‚Über den ersten Ursprung der Dinge‘ in: Leibniz 1995: 35–45.

[268] Heidegger *GA* 84.1: 406f.

[269] Heidegger *GA* 84.1: 408.

[270] Leibniz 1978.

Mit der *Tendenz* zur Existenz ist der Grund gesetzt zum Vor-zug des Seyns vor Nicht-sein – *So*-sein vor Anderssein.[271]

[...] Der Satz vom Grunde nur unter Voraussetzung *dieses Seyns- und Möglichkeitsbegriffes.*"[272]

Es ist der Grund gesetzt für das „eher ... als ..." („rationem esse cur potius ... quam ..."[273]). Daher muss man „in die possibilitas den monadologischen Ansatz hineinnehmen": „Dann ergibt sich, daß zu jeder possibilitas gehört: qua realitas [Sachheit], qua perfectio, qua plus."[274] Entsprechend gibt Leibniz in einem Text mit „Definitiones" aus dem Jahr 1680 [?] die folgende Definition der perfectio: „*Perfectius* autem est, quod plus essentiae involvit."[275] „*Vollkommener* aber ist, was mehr an Wesenheit einschließt."[276]

e) Der Gottesbeweis a priori in der ‚Monadologie'

Mit dem neuen Begriff der Möglichkeit ist nun erst der Weg bereitet zum Verständnis des Gottesbeweises *a priori* in § 45 der ‚Monadologie'.[277] Der Gottesbeweis a priori bei Leibniz weicht von der Tradition des ontologischen Arguments (seit Anselm von Canterbury, gestorben 1109) ab.[278] Hierauf weist Heidegger ausdrücklich hin: „Nicht einfach – Existenz *als eine Realität* u[nter] a[nderen], das wird ausdrücklich abgewiesen (VII, 195 Anm.[279]), sondern Existenz: als das Erdrängte im *Möglichen selbst*."[280] Der Gottesbeweis a priori soll im Folgenden im Ausgang von Heidegger, aber über die knappen Ausführungen hinausgehend, erörtert werden.

Ganz allgemein stellt Heidegger fest, wie die Gottesbeweise zu verstehen sind:

„a) als nachkommende und begleitende *Rechtfertigung* der Existenz Gottes vor der Vernunft.

b) *nicht* aber als *Auffindung* und *erste* – gebende Nachweisung des Gottes und nicht *Begründung* des Verhältnisses zu ihm."[281]

Leibniz rechnet den Satz „Omne possibile exigit existere" zu den „veritates absolutae primae" der „veritates facti", der Tatsachenwahrheiten.[282] Wie es nun

---

[271] Vgl. Leibniz 1978 (VI): 602 (*PNG* § 7); Ropohl 1936: 79.
[272] Heidegger *GA* 84.1: 408.
[273] Leibniz 1978 (VII): 304.
[274] Heidegger *GA* 84.1: 807.
[275] Leibniz 1999: 405–407, 405 (= Leibniz 1978 (VII): 195–197, 195; hier zit. nach der Lesart: Leibniz 1999).
[276] Übers. vom Verf.
[277] „[...] pour connoitre l'Existence de Dieu *a priori.*" (Leibniz 1978 (VI): 614)
[278] Vgl. Henrich 1967.
[279] Leibniz 1978 (= Leibniz 1999: 1443 Anm. 3).
[280] Heidegger *GA* 84.1: 418; vgl. Neumann 2017: 62–66.
[281] Heidegger *GA* 84.1: 415.

weiter heißt, würde es (nämlich das possibile, das Mögliche, das zu existieren verlangt) demnach existieren, wenn es nicht von etwas Anderem gehemmt würde („et proinde existeret nisi aliud impediret"[283]). Mit dem neuen Begriff der Möglichkeit ist nun der Weg bereitet zum Verständnis des Gottesbeweises a priori in § 45 (und § 44) der ‚Monadologie'.[284] Der Beweis greift ferner auf § 41 zurück (und, für Heidegger besonders wichtig, auf § 54 vor).[285] Heidegger gibt hier keine Übersetzung, sondern nennt (und ergänzt sachlich) die entscheidenden Argumentationsschritte von § 41:

„Also schlechthin vollkommen.

Perfectio – die *Größe der Sachheit*, der *positiven* Beseitigung aller Schranken.

Wo überhaupt keine Schranken, da unbedingt vollkommen.

Also *idea entis perfectissimi* –

Definitio realis Dei –

hier *aus* dem Begriff der Einzigen – Univer[sellen] Natur,

keine Möglichkeit eines Wogegen – Wider –

keine *Möglichkeit* des Widerspruches –

und daher in sich widerspruchsfrei – *möglich.*

(Dieses Mögliche – aber *omnitudo* realitatis.)"[286]

Leibniz' entscheidende Kritik an der Tradition, die hier von Heidegger ergänzt und herausgestellt wird, liegt gerade darin, dass sie immer nur eine Nominal- und keine Realdefinition Gottes gegeben hat. Wir können Definitionen nicht sicher zum Schließen verwenden, heißt es in der Schrift ‚Meditationes de Cognitione, Veritate et Ideis' (1684), „bevor wir wissen, dass sie *Realdefinitionen* sind oder dass sie keinen Widerspruch einschließen (antequam sciamus eas [definitiones] esse *reales*, aut nullam involvere contradictionem)."[287] Es gibt für die höchste Monade (Gott) von *innen*, von ihr selbst als schlechthin *positiver* und unbedingt vollkommener her keine Möglichkeit des Widerspruches und ebenso für sie selbst als *einzige* und allumfassende von *außerhalb* keine Möglichkeit einer Hemmung oder eines Wogegen.[288] Die bisherige Argumentation lässt aber noch eine Frage offen, die Leibniz bereits in der Schrift „Quod Ens Perfectissimum existit"[289]

---

[282] Leibniz 1999: 1442 (= Leibniz 1978 (VII): 194); vgl. Heidegger *GA* 84.1: 522.

[283] Leibniz 1999: 1442 (= Leibniz 1978 (VII): 194).

[284] Leibniz 1978 (VI): 614.

[285] Leibniz 1978 (VI): 613 und 616; vgl. Heidegger *GA* 84.1: 649ff., 805 Anm. 59.

[286] Heidegger *GA* 84.1: 416f., vgl. 792–794.

[287] Leibniz 1999: 585–592, 588 (= Leibniz 1978 (IV): 422–426, 424); Übers. (vom Verf. geändert) unter dem Titel ‚Betrachtungen über die Erkenntnis, die Wahrheit und die Ideen' in: Leibniz 1995: 9–16, 12.

[288] Vgl. Heidegger *GA* 84.1: 646f., 649f., 792ff.

[289] Leibniz 1980: 578f., vgl. 571–577 (Vorarbeiten) (= Leibniz 1978 (VII): 261f.); Übers. unter dem Titel ‚Daß das vollkommenste Wesen existiert' in: Bromand – Kreis (Hg.) (2016): 178f.

(1676) beschäftigte. Wäre es nicht möglich, dass zwei beliebige und damit alle Vollkommenheiten Gottes untereinander unvereinbar sein könnten? In einer gewissen Vereinfachung ergibt sich nach der Darstellung von Michael-Thomas Liske folgende Argumentation:

„Es gibt zwei Formen der Inkompatibilität zweier Eigenschaften (Attribute). Entweder ist eine Eigenschaft unmittelbar die Negation der anderen. Dies ist bei den Vollkommenheiten, die Gottes Attribute sind, ausgeschlossen, weil sie alle positiv sein sollen. Oder eines der Analyseelemente des einen Attributs stellt die Negation eines Analyseelements des anderen Attributs oder die Negation dieses Attributs selbst dar. M. a. W., ein Attribut schließt ein Element ein, das das andere Attribut ausschließt. Dies aber ist wegen der Unanalysierbarkeit der göttlichen Vollkommenheiten nicht möglich. Zudem müßten sie dann negierte Teilbegriffe enthalten, also zumindest teilweise (in Form etwa einer Begrenzung) negiert sein, dürften also nicht uneingeschränkt positiv sein."[290]

Eine eingehende Analyse des Gottesbeweises von 1676 gibt Wolfgang Janke. Die perfectio wird durch eine vierfache, ausgezeichnete Seinsverfassung (Wasgehalt, essentia) geleitet: „Die als perfectio gedachte qualitas ist charakterisiert durch Einfachheit, durch Positivität, durch Absolutheit und Indefinibilität."[291] Leitend für den Gottesbeweis a priori in der ‚Monadologie' ist für Janke (in Übereinstimmung mit Heidegger) die *Positivität*.[292] Die zuvor von Heidegger angeführten Argumente (schlechthin positiv, vollkommen und uneingeschränkt) schließen nach Leibniz auch die Unvereinbarkeit der göttlichen Attribute aus. Leibniz' Beweis der Kompatibilität der göttlichen Attribute wird allerdings aus der Sicht der modernen Logik mitunter als unvollständig (nicht hinreichend) betrachtet. Leibniz habe nur zu zeigen vermocht, dass alle Vollkommenheiten paarweise kompatibel sind, nicht aber, dass sie insgesamt untereinander notwendig verträglich sind.[293] Was für Heidegger aber im Vordergrund steht, ist nicht die Frage einer möglichen Widerlegung der Gottesbeweise, sondern die Aufweisung der metaphysischen Grundannahmen, die für Leibniz' Denken bestimmend sind.

Was bisher betrachtet wurde, betrifft nur die „*formale* Bedeutung der possibilitas = Widerspruchslosigkeit"[294]. Entscheidend für die ‚Monadologie' ist aber die „*materiale* Bedeutung" der possibilitas, die auf einem „Zusammenhang zwischen realitas und perfectio (und zwar über die essentia)" beruht (§ 54).[295] Nach § 41 ergibt sich: „Die perfectio ist die *Größe* der positiven Realität = quantitas reali-

---

[290] Liske 2000: 195f.
[291] Janke 1963b: 264.
[292] Janke 1963b: 265.
[293] Vgl. Kauppi 1960: 111ff.; Krüger 1969: 23.
[294] Heidegger *GA* 84.1: 805.
[295] Heidegger *GA* 84.1: 805.

tatis.“[296] Der französische Ausdruck für quantitas realitatis in der ‚Monadologie' lautet „la grandeur de la realité (positive)“[297], was Heidegger selbst nach dem oben angeführten längeren Zitat (zu § 41) mit „die *Größe der Sachheit*“[298] übersetzt (lateinisch res = Sache). Damit ergibt sich nun für § 45 im Zusammenhang mit dem bereits erörterten Begriff der Kraft (als Streben, Drang, nisus): „Leibniz also nicht quantitativ nur so schließend – zur omnitudo gehört auch die Existenz, sondern qua unbedingte Möglichkeit (diese *nicht zu behindern* in ihrem Drang[299]) ist sie als absoluter Drang zum Sein auch notwendig *existierend*.“[300]

Nach zwei sich ergänzenden Mitschriften des Seminars ergibt sich für die göttliche Urmonade:

„Da nun aber *Drang* zum Sein schon das Sein selbst besagt, *und* da nichts da ist, was einer solchen Möglichkeit als einer bewußten widersprechen könnte, um sie zu *hindern*, so *ist* dieser Drang das *eigentliche Sein*, die eigentliche Substanzialität = die Monade im Sinn der *höchsten* Wirklichkeit. So ist hier in Gott der *Drang ganz bei sich selbst*. Dieses ganz bei sich und in sich *selbst Sein* bedeutet aber das eigentliche Sein, die eigentliche Substanz, die höchste Wirklichkeit.“[301]

---

[296] Heidegger *GA* 84.1: 806.
[297] Leibniz 1978 (VI): 613 (*Mon.* § 41).
[298] Heidegger *GA* 84.1: 416.
[299] Einfügung an dieser Stelle vom Verf.
[300] Heidegger *GA* 84.1: 417.
[301] Heidegger *GA* 84.1: 808 mit Anm. 64, vgl. 650.

§ 6 Die Spiegelung der Monaden als Wink in das Er-eignis nach Heideggers eigenen Aufzeichnungen für das Leibniz-Seminar vom Wintersemester 1935/36

Nach Heideggers grundlegendem „Entwurf" des seinsgeschichtlichen oder Ereignis-Denkens, den in den Jahren 1936 bis 1938 ausgearbeiteten *Beiträgen zur Philosophie (Vom Ereignis)*, soll die Schreibweise von Sein jetzt als „Seyn" anzeigen, „daß das Sein hier nicht mehr metaphysisch gedacht wird", d. h. nicht mehr auf einem Denken gründet, „das vom Seienden her und weg die Seiendheit meint".[302] In äußerster Knappheit lässt sich sagen: „Das Seyn west als das Ereignis."[303] Die Schreibweise „Sein" oder „Seyn" wird in den Aufzeichnungen zum Leibniz-Seminar aber noch schwankend und nicht streng terminologisch gebraucht. Ein solches Schwanken verdeutlicht auch, dass die Seinsfrage auf dem Weg in das Ereignis-Denken in einem Wandel begriffen ist. An einigen Stellen wird die Schreibweise „Seyn" aber doch bereits in dem Falle verwendet, wenn sich in der Aus-einander-setzung mit Leibniz wesentliche Winke in das Ereignis-Denken bekunden und hermeneutisch freigelegt werden.[304] Solche Hinweise finden sich aber nur in Heideggers eigenen handschriftlichen Aufzeichnungen und fehlen in den vorliegenden Protokollen und Mitschriften.

Die entscheidende Stelle, die in der fragenden Zwiesprache mit Leibniz auf das in sich gegenschwingende Er-eignis vordeutet, bezieht sich auf das Wesen der Monade als *Spiegel*. In Heideggers Aufzeichnung Nr. 31 mit der Überschrift „Vor-stellen und Darstellen (Spiegel)" wird die Monade mit Leibniz als lebendiger Spiegel des Universums betrachtet: „Die Spiegelung ist das Weltsein der Monade, das zu ihrem Insichstehen gehört, dieses ausmacht."[305] Das darstellend den Anblick vor sich selbst bringende (vor-stellende) Spiegeln als *re-praesentare* ist *sammelnd*, nämlich das Universum, „daher mundus concentratus".[306] Das lebendige Spiegeln ist:

---

[302] Heidegger *GA* 65: 436 und 464. Der Plan, der in diesem „Entwurf ‚Vom Ereignis' seine erste Gestalt gewinnt", stand seit dem Frühjahr 1932 „in den Grundzügen […] fest" (Heidegger: *GA* 66: 419–428, 424).

[303] Heidegger *GA* 65: 30, 260, vgl. 11, 344.

[304] Vgl. Heidegger *GA* 84.1: 397, 406, 408f., 411, 427, 444, 479f.

[305] Heidegger *GA* 84.1: 427.

[306] Heidegger *GA* 84.1: 427, vgl. 425.

„1. den Anblick wieder geben

2. aber nicht für andere, sondern sich selbst.

3. Das Werfende[307] und Auffangende[307]

dieses ursprüngliche Spielen = Seyn der Monade."[308]

Was sich hier in der Monadenlehre als Anstoß vorbereitet – *zuspielt*[309], ist nichts anderes als der „Gegenschwung der Er-eignung". So heißt es etwa im 122. Abschnitt der *Beiträge zur Philosophie*, „daß das Da-sein nichts leistet, es sei denn den Gegenschwung der Er-eignung *aufzufangen*, d. h. in diesen einzurücken und so erst selbst es selbst zu werden: der Wahrer des *geworfenen Entwurfs*".[310] Was als das Wirken der Monade selbst qua ursprünglicher Kraft (vis primitiva activa) oder Drang aufgewiesen wurde, erhält erst mit dem Wesen der Monade als lebendigem Spiegel der Welt seine *volle* Bestimmtheit: „Wesen der vis ist *Spiegelung, das bewahrende Entfalten als Spiegelung*."[311]

In Heideggers Leibniz-Seminar vom Wintersemester 1935/36 ist das „transzendental-horizontale Schema"[312] der Fundamentalontologie (im Umkreis von *Sein und Zeit*) endgültig verlassen. In einer wichtigen Randbemerkung aus Heideggers Handexemplar („Hüttenexemplar") von *Sein und Zeit* (im Sinne einer „umdeutenden Selbstinterpretation"[313] aus der Blickbahn des Ereignis-Denkens) heißt es diesbezüglich:

„Die transzendenzhafte Differenz.

Die Überwindung des Horizonts als solchen.

Die Umkehr in die Herkunft.

Das Anwesen aus dieser Herkunft."[314]

Mit der „Überwindung des Horizonts als solchen" durch „Umkehr in die Herkunft" des ereigneten (daseinsmäßigen) Entwurfs aus dem sich ereignenden Zuwurf im Gegenschwung der Er-eignung geht notwendig auch die Überwindung der „transzendenzhaften Differenz" von Sein und Seiendem einher. Für „Leibnizens ontologische Fragestellung und seine Auslegung der ontologischen Differenz" (von Sein und Seiendem), dem ersten Grundproblem nach der Vorlesung *Die*

---

[307] In *GA* 84.1 hier Verbindungsbögen (oben und unten) zwischen den Begriffen „Werfende" und „Auffangende", die einen unauflösbaren Wesenszusammenhang anzeigen sollen.

[308] Heidegger *GA* 84.1: 427, vgl. 425.

[309] Alle *geschichtlichen* Vorlesungen (und Seminare) gehören innerhalb der Ereignis-Blickbahn in die zweite Fügung „Das Zuspiel" (Heidegger *GA* 65: 167 Anm., 169, 176; *GA* 66: 421). Zur zweiten Fügung „Das Zuspiel" vgl. Herrmann 2019a: 127–139.

[310] Heidegger *GA* 65: 239 (Hervorhebungen vom Verf.), vgl. 304; zum Er-eignis als Gegenschwung vgl. Herrmann 2019a: 149f.

[311] Heidegger *GA* 84.1: 427, vgl. 426.

[312] Thurnher 1997: 32; vgl. Herrmann 2019a: 77–86.

[313] Herrmann 1964: 5.

[314] Heidegger *GA* 2: 53 Anm. a; vgl. *GA* 65: 250f.

Grundprobleme der Phänomenologie[315], ergibt sich nun nach Heideggers Auslegung: „Das Verhältnis des Seienden zum Sein ist das der ‚Repräsentation'."[316]

---

[315] Vgl. Heidegger *GA* 24: 25, 33, 321.
[316] Heidegger *GA* 84.1: 444, vgl. 479.

III

Die dritte Hauptphase der Leibniz-Rezeption
auf der Grundlage des Ereignis-Denkens

§ 7 Die Einreihung des Leibniz'schen Denkens innerhalb der Geschichte
der Metaphysik und ihrer Leitfrage nach der Seiendheit des Seienden
in den *Beiträgen zur Philosophie (Vom Ereignis)* (1936–1938)

In einem Rückblick, den Heidegger nun im Rahmen seiner *Ausarbeitung* der *Beiträge zur Philosophie (Vom Ereignis)* gibt, reiht er Leibniz' Begriff der Möglichkeit (possibilitas) in die geschichtlichen Folge der Wesensbegriffe ein. Leibniz bildet gleichsam den Abschluss von Antike (Platon und Aristoteles) und Mittelalter (Scholastik), bevor dann mit Kant der „transzendentale Wesensbegriff" einsetzt:

„In der Richtung dieser Besinnung läßt sich zunächst die geschichtliche Folge der Wesensbegriffe erörtern, die innerhalb der Geschichte der Leitfrage aufgetreten sind als Leitfäden des Fragens nach der Seiendheit:

1. die οὐσία [ousía] als ἰδέα [idéa]
2. οὐσία in der Aristotelischen Erörterung in Met. Z H Θ
3. die essentia des Mittelalters
4. die possibilitas bei Leibniz (vgl. Leibniz-Übungen)
5. die ‚Bedingung der Möglichkeit' bei Kant, der transzendentale Wesensbegriff
6. der dialektisch-absolute idealistische Wesensbegriff bei Hegel."[317]

Mit den „Leibniz-Übungen" ist das zuvor (§ 5 und § 6) erörterte Seminar vom Wintersemester 1935/36 gemeint. Die Bestimmung der possibilitas bei Leibniz wird nun explizit „innerhalb der Geschichte der Leitfrage" verortet, d. h. der Frage: *Was ist das Seiende?* In einer Randbemerkung zur 3. Auflage seiner Schrift ‚Vom Wesen der Wahrheit' (1954) gibt Heidegger dagegen eine Zusammenfassung von (nur) drei grundlegenden Wesensbegriffen, wobei sich der dritte Begriff auf sein eigenes Denken bezieht: „Wesen: 1. quidditas – das Was – κοινόν [koinón]; 2. Ermöglichung – Bedingung der Möglichkeit; 3. Grund der Ermöglichung."[318] Daraus ergibt sich: Der erste Wesensbegriff setzt den Vorrang der idéa (ἰδέα) (Platon) bzw. der ousía (οὐσία) (Aristoteles) und rückt das *Was*-sein an die erste Stelle. Hierauf gehen die essentia des Mittelalters und noch die possibilitas bei Leibniz zurück, wenn sich bei Leibniz doch auch eine Überwindung der Scholastik abzeichnet. Leibniz selbst bezeichnet die possibilitas noch explizit als „principium

---

[317] Heidegger *GA* 65: 289.
[318] Heidegger *GA* 9: 177–202, 177 Anm. a; vgl. *GA* 6.2: 417; *GA* 31: 12, 178ff.; *GA* 12: 147–204, 189f.; *GA* 8: 239f.; *GA* 79: 153–176, 168.

Essentiae".[319] Der zweite Wesensbegriff bestimmt, *wie* dieses Wassein in sich möglich ist, und verweist auf Kant, dem noch der idealistische Wesensbegriff Hegels hinzugefügt werden muss. Ingetrud Pape konstatiert bei Leibniz gegenüber der platonischen Ideenlehre „eine typisch neuzeitliche Verkehrung: nicht mehr die ‚onta‘, die existierenden Dinge, streben zu ‚sein wie die Idee‘, sondern die Ideen streben ihrerseits zu ‚sein als Existenz‘."[320] Der Zusammenhang von *existentia* und *essentia* wird uns in § 11 bei der Erörterung von Heideggers Vortrag ‚Zur Geschichte des Existenzbegriffes‘ (1941) noch in vertiefter Weise beschäftigen. Abweichend von der hier dargelegten Erörterung wird die possibilitas, das Ver-*mögen*, in dem späteren Vortrag gegen Leibniz' eigene Auffassung ursprünglicher vom Primat der existentia („Daß-sein") her ausgelegt.

Leibniz wird in den *Beiträgen zur Philosophie* explizit „in der Leitfaden-geschichte"[321], der Frage nach der Seiendheit des Seienden, verortet. Die im Titel des Leibniz-Seminars vom Wintersemester 1935/36 angekündigte Auseinander-setzung mit dem Deutschen Idealismus ist weitgehend ausgeblieben. Leibniz hat nach Heideggers Auslegung der Kantischen Philosophie und dem Deutschen Idea-lismus weit über Descartes hinaus den Weg bereitet. Wir werden in § 8 noch sehen, dass Leibniz nun in Heideggers Ereignis-Denken mehr Gewicht erhält als Descartes. Im 103. Abschnitt der *Beiträge zur Philosophie* mit dem Titel „Zum Begriff des deutschen Idealismus" heißt es, dass der *„deutsche Idealismus* […], vorgezeichnet durch Leibniz, aufgrund des Kantischen transzendentalen Schrittes über Descartes hinaus das ego cogito der transzendentalen Apperzeption absolut zu denken versucht und das Absolute zugleich begreift in der Richtung der christlichen Dogmatik".[322] Auch eine andere Textstelle verweist auf Leibniz' Wegbereitung für die „transscendentale Einheit der Apperception"[323] bei Kant: „Entsprechend wird dann die auszeichnende Bestimmung für das Denken der Seiendheit (Einheit) die *Einheit* des ‚Ich‘-denke, die *Einheit der transzendentalen Apperzeption*, die Selbigkeit des Ich; in einem tieferen und reicheren Sinne beides verkoppelt in der Monade bei Leibniz."[324] Wie wir gesehen haben, begreift Leibniz den Weltbezug aber nicht wie Kant als Transzendenz des Subjekts, sondern als *Re*-präsentation. Leibniz ist dem späten Heidegger in gewisser Weise näher als Kant. Wir werden hierauf noch zurückkommen.

---

[319] Leibniz 1978 (VII): 304.
[320] Pape 1966: 128f.
[321] Heidegger *GA* 65: 197.
[322] Heidegger *GA* 65: 202.
[323] Kant 1968 (III): 113f. (*Kritik der reinen Vernunft*, B 139 und B 142).
[324] Heidegger *GA* 65: 197.

§ 8 Leibniz' Philosophie als der eigentliche und volle Beginn
der neuzeitlichen Metaphysik in der Abhandlung *Besinnung* (1938–1939)

Der 127. Abschnitt von Heideggers Manuskript *Besinnung*, das in den Jahren 1938
und 1939 im Anschluss an die gerade abgeschlossenen *Beiträge zur Philosophie
(Vom Ereignis)* entstanden ist, trägt die Überschrift: „Die ausgezeichnete metaphysische Grundstellung von Leibniz".[325] Was Leibniz' „metaphysische Grundstellung" betrifft, kann aus der Blick- und Fragebahn des Ereignis-Denkens zudem auf
das Freiburger Seminar ‚Die metaphysischen Grundstellungen des abendländischen
Denkens' vom Wintersemester 1937/38 verwiesen werden.[326] Es zeigt sich, dass
nun Leibniz neben und mit Descartes als Begründer der neuzeitlichen Metaphysik
stärker in das Blickfeld gerät. In dem genannten 127. Abschnitt der Abhandlung
Besinnung heißt es:

„Descartes setzt zwar die Vorgestelltheit und Ichheit als Entwurfsbereich und
Entwurfsgrund der Seiendheit, aber erst Leibniz vollzieht in der *von ihm aus* ursprünglichen Aneignung der metaphysischen Überlieferung (substantia – monas;
potentia als vis und possibilitas; ‚energeia') den eigentlichen neuzeitlichen Beginn
der Metaphysik.

Erst Leibniz schafft den Grund für Kant und den deutschen Idealismus und
zuletzt für Nietzsche. Erst durch ihn kommt die Vernünftigkeit in den unbedingt
subjekthaften Rang des Gefüges des Seienden im Ganzen; wobei das ‚Mathematische' zugleich in das ‚Systematische' des Systems sich entfaltet und der Vorgestelltheit die volle Entfaltung als Entwurfsbereich und Entwurfsgrund gesichert
wird."[327]

Ähnlich äußert sich Heidegger in der Freiburger Vorlesung *Nietzsche: Der
europäische Nihilismus* vom II. Trimester 1940:

„Wenn daher *Leibniz* nach der historischen Zeitrechnung auch zwei Generatio-
nen später kommt als *Descartes*, so muß er doch – wesensgeschichtlich gedacht –
mit *Descartes* zusammen als der Beginn der neuzeitlichen Metaphysik gedacht
werden, so wie entsprechend *Hegel und Nietzsche* als ihr Ende. Aus der Metaphysik des *Leibniz* wird erst klar, inwiefern die Metaphysik der Subjektivität vom
Ganzen des Seienden handelt, wenn sie die Wahrheit über die Subjekte (Monaden)
ist."[328]

---

[325] Heidegger *GA* 66: 397–399.
[326] Heidegger *GA* 88: 97–115, vgl. 124–127, 239–242.
[327] Heidegger *GA* 66: 398; vgl. *GA* 41: 94; *GA* 42: 51ff.; *GA* 65: 65, 81; *GA* 80.2: 849–886, 872f.
[328] Heidegger *GA* 48: 271.

Erst mit Leibniz ist also für Heidegger „der volle Beginn der neuzeitlichen Metaphysik erreicht".[329]

§ 9 Das Doppelgesicht der metaphysischen Grundstellung von Leibniz
als die Zweideutigkeit der re-praesentatio nach den Übungen
vom Wintersemester 1937/38

In dem Leibniz-Seminar vom Wintersemester 1935/36 wurde bereits das *re-prae-sentare* als ein *darstellend*, nämlich das Universum, vor sich selbst bringendes *Vor-stellen* (Vor-sich-stellen) aufgewiesen.[330] Gerade in der Abhebung gegen Descartes' noch unvollendeten Ansatz der Subjektivität und der Subjekt-Objekt-Beziehung wird nun „die wesentliche Doppeldeutigkeit der re-praesentatio bei *Leibniz*"[331] noch schärfer in den Blick gebracht.

Die Übungen ,Die metaphysischen Grundstellungen des abendländischen Denkens' vom Wintersemester 1937/38 schließen, was „Leibnizens metaphysische Grundstellung" betrifft, unmittelbar an das Seminar vom Wintersemester 1935/36 an. In einer Anmerkung verweist Heidegger ausdrücklich auf „Leibniz, *Monadologie*. Seminar WS 1935/36" und die „Vorlesungen seit Sommersemester 1928".[332] In einer solchen „Wieder-holung"[333] werden bei Heidegger die überlieferten Texte aber immer auch in einer gewandelten Weise angeeignet und ausgelegt. Auch hier wird nun Leibniz mit Nietzsches „Wille zur Macht" in Verbindung gebracht: „Nur wer das ontologische Wesen der Leibnizschen vis primitiva activa begriffen hat, kann versuchen Nietzsches ,Wille zur Macht' metaphysisch zu begreifen und dabei zu erkennen, wie sehr gerade diese Metaphysik das Ende, die Vollendung der bisherigen ist."[334] Wie schon der Titel „metaphysische Grundstellung" sagt, wird Leibniz hier in aller Deutlichkeit in der überlieferten Leitfrage nach der „Seiendheit des Seienden", der Frage „Was ist das Seiende (als Seiendes)?", verortet, wenn auch in einer gewissen Abgrenzung gegen Descartes: „So kommt es, daß wir bei Leibniz die Leitfrage in ihrer anfänglichen Gestalt, die Frage nach dem ens qua ens *wieder deutlicher* sehen und nicht mehr so versteckt in der *Gewißheits*frage wie bei Descartes."[335] Die „Seiendheit des Seienden" wird von Leibniz „am Leitfaden der perceptio" gefaßt.[336] Daraus erwächst, wie Heidegger nun sagt, das „zugehörige Doppelgesicht der ganzen Grundstellung", nämlich die „Zweideutigkeit der repraesentatio"[337], auf die unten noch ausführlicher eingegangen wird.

---

[330] Heidegger *GA* 84.1: 425–427; vgl. *GA* 88: 109.
[331] Heidegger *GA* 48: 270; vgl. schon *GA* 84.1: 439.
[332] Heidegger *GA* 88: 97 Anm. 1.
[333] Vgl. Vetter (Hg.) 2004: 624; Vetter 2014: 373.
[334] Heidegger *GA* 88: 99; vgl. *GA* 80.2: 867.
[335] Heidegger *GA* 88: 101, vgl. 23f.
[336] Heidegger *GA* 88: 100.
[337] Heidegger *GA* 88: 100.

Diese „Zweideutigkeit der repraesentatio" ist aber „nicht in die ursprüngliche *Einheit* gebracht", weil Grundbegriffe wie ego cogito, percipio „*abkünftig*" sind und „überhaupt auf diesem Boden die Leitfadenbehandlung *nicht zu bewältigen*" ist.[338]

Auch in der Abhandlung *Besinnung* spricht Heidegger von der „zwiestrahligen repraesentatio" bzw. vom „zwiefachen Sinne" der repraesentatio im Hinblick auf das Wesen der „monas", der „Ein-heit".[339] In der *Nietzsche*-Vorlesung vom II. Trimester 1940 gibt er folgende Zusammenfassung:

„1. Vor-stellen als sich-zu-stellen, vor-sich-bringen. Jedes Seiende ist vor-stellend – percipiens;

2. vor-stellen: selbst sich darstellen und sich so dar-stellend ‚sein'. Als per-cipiens praesentiert sich jedes ens und hat in dieser Repraesentation seine Anwesenheit.

3. Aber (2.) geschieht auf dem Grunde von (1.) und (1.) vollendet sich erst und nur in (2.).

Gleich entscheidend ist die Bestimmung des subiectum als *vis* – der repraesentatio als vis primitiva activa; perceptio und appetitus sind nur die Folge."[340]

In der in § 4 a) bereits behandelten Marburger Vorlesung vom Sommersemester 1928 wird davon gesprochen, dass „der Drang in sich selbst ein vorstellendes Streben bzw. strebendes Vorstellen ist".[341] Die genannte vis primitiva activa entspricht dem im weiteren, appetitus und perceptio umgreifenden Sinne verstandenen Drang der Vorlesung von 1928. Die repraesentatio ist also „dranghaftes repraesentieren"[342]. In und mit jeder dranghaften *Re*-praesentation (der Welt als perspektivischer Darstellung des Universums) *praesentiert* sich die Monade zugleich *selbst*, wird sie sich selbst mehr oder weniger durch-sichtig (per-cipiens), was aber bei den geistigen, ap-perzipierenden Monaden nicht primär und in jedem Falle schon als eine ausdrückliche, eigens vollzogene Reflexion aufzufassen ist.[343] Man kann auch auf den lateinischen Begriff für Bewusstsein verweisen: *con*-scientia.[344] Im zweiten Band seines *Nietzsche*-Buchs (1961) gibt Heidegger eine Zusammenstellung, die die zuvor zum Teil getrennt ausgeführten Bestimmungen zur re-praesentatio in sich vereint:

„Das Wesen der repraesentatio und damit des Seins im Sinne der vis und existentia tritt jetzt in einen einzigartigen Doppelcharakter. [1.] Jede Monade *ist*, indem sie ursprünglich einigend je aus ihrem Blickpunkt eine Welt als Perspektive des

---

[338] Heidegger *GA* 88: 111.
[339] Heidegger *GA* 66: 397f.
[340] Heidegger *GA* 48: 270f.
[341] Heidegger *GA* 26: 113; vgl. auch *GA* 88: 108; *GA* 80.2: 849–886, 867f.
[342] Heidegger *GA* 80.2: 868.
[343] Vgl. Heidegger *GA* 80.2: 867f.; *GA* 6.2: 423.
[344] Vgl. Heidegger *GA* 84.1: 143–145.

Universums spiegelnd ereignet. [2.] Indem die Monade dergestalt vorstellend ist, stellt sie sich selbst dar und vor, präsentiert sich und stellt so das vor, was sie in ihrer Anstrebung verlangt. Was sie in solcher Weise vorstellt, *ist* sie.

[…] Das Sein ist als vis und existentia zugleich dieses ‚etwas vorstellen‘, das seinerseits wieder je verschieden in den einzelnen Monaden durch diese selbst ihnen zugebracht wird, zuerst aber und im Ganzen in der omnipraesentia der höchsten Substanz als der Zentralmonade. Wesentlich bleibt überall, daß die ‚Präsenz‘ eigens auf eine Monade, d. h. jeweils auf eine Art ego zurück-bezogen und eigentlich von ihr als ihr eigenes Seinswesen vollzogen wird.“[345]

Eine in solchem Sinne verstandene „repräsentative Präsenz“ wird für Heidegger aber im Unterschied zum ersten Anfang der Metaphysik (bei den Vorsokratikern und insbesondere noch bei Aristoteles) von Leibniz nicht mehr erfahren und gedacht als „die Anwesenheit, deren Name οὐσία [ousía] lautet, ein Anwesen in das Unverborgene und aus diesem her, wobei die Unverborgenheit erfahren, aber selbst nicht mehr in ihrem Wesen gegründet wird“.[346]

Die für die ontologische bzw. metaphysische Erkenntnis maßgebende Monade ist, wie bereis in der Vorlesung vom Sommersemester 1928 angeschnitten wurde, der Mensch.[347] Es ist, wie es nun heißt, das „apperceptive Vor-stellen“, was den Menschen auszeichnet, „der *Ort*, wo das Vor-stellen überhaupt *als solches vor-gestellt* werden kann“, „wo demnach *Besinnung* auf Vorgestelltheit als solche, d. h. *Seiendheit* allein möglich.“[348] Der Mensch (esprit) als der Ort, „wo das Seiende als Seiendes (l'être) vorstellbar wird“, ist deshalb „selbst das *maßgebende* Seiende“.[349]

---

[345] Heidegger *GA* 6.2: 409. Der Terminus „ereignet“ scheint hier – wie in dem Leibniz-Seminar vom Wintersemester 1935/36 (Heidegger *GA* 84.1: 425–427) – auf die Ereignis-Blickbahn hinzudeuten.
[346] Heidegger *GA* 6.2: 409.
[347] Vgl. Heidegger *GA* 26: 106–111.
[348] Heidegger *GA* 88: 104.
[349] Heidegger *GA* 88: 106.

§ 10 Leibniz als Wegbereitung des Willenscharakters des Seins in der *Nietzsche*-Vorlesung vom Wintersemester 1936/37

Wenn Leibniz den Grund nicht nur für Kant und den Deutschen Idealismus, sondern zuletzt auch für Nietzsche schafft, dann steht für Heidegger Nietzsches „Lehre vom Willenscharakter des Seins"[350] im Vordergrund. Bereits in § 7 der Freiburger Vorlesung *Nietzsche: Der Wille zur Macht als Kunst* vom Wintersemester 1936/37 mit der Überschrift „Das Sein des Seienden als Wille in der überlieferten Metaphysik" führt er aus:

„Schelling und Hegel aber waren sich dessen gewiß, daß sie mit dieser Auslegung des Seins als Wille nur den wesentlichen Gedanken eines anderen großen deutschen Denkers dachten, den Seinsbegriff von Leibniz, der das Wesen des Seins als die ursprüngliche Einheit von perceptio und appetitus faßte, als Vorstellung und Wille."[351]

Daraus darf für Heidegger aber nicht einfach eine Abhängigkeit abgeleitet werden:

„Der Hinweis auf die Ahnenschaft Nietzsches bezüglich der Lehre vom Willenscharakter des Seins sollte nicht eine Abhängigkeit herausrechnen, sondern nur andeuten, daß eine solche Lehre innerhalb der abendländischen Metaphysik nicht willkürlich, sondern vielleicht sogar notwendig ist."[352]

§ 11 Die Leibniz'sche Prägung des Existenzbegriffes als Verlangendsein (exigentia) im Rahmen des Vortrags ‚Zur Geschichte des Existenzbegriffes' (1941)

Den überaus wichtigen Vortrag ‚Zur Geschichte des Existenzbegriffes' hielt Heidegger im Rahmen des Freiburger Professoren-Kränzchens[353] am 7. Juni 1941, und zwar mit „Absicht in der Form des historisch-gelehrten Darstellens".[354] Heidegger befasste sich noch 1942 weiter mit dem Text.[355] Im Jahre 1941 ist auch schon ein gewisser Teil der Abhandlungen VII bis X zur seinsgeschichtlichen Auseinandersetzung mit der Metaphysik entstanden, die Heidegger dann in überarbeiteter Form

---

[350] Heidegger *GA* 43: 42; *GA* 6.1: 33.
[351] Heidegger *GA* 43: 42, vgl. 287; vgl. auch *GA* 6.1: 32.
[352] Heidegger *GA* 43: 42; vgl. *GA* 6.1: 33.
[353] Vgl. Wirbelauer (Hg.) 2006: 593–620.
[354] Heidegger *GA* 80.2: 849–886, 851 Anm. 1; vgl. auch *GA* 6.2: 363–448
[355] Homolka – Heidegger (Hg.) (2016): 82 (Brief an Fritz Heidegger, 15. Mai 1942).

in den 1961 bei Günther Neske in Pfullingen erschienenen zweiten Band seines *Nietzsche*-Buchs aufnahm.[356] Er schickt jedoch in dem Vortrag voraus: „Die wesentliche Aneignung der Leibnizischen Philosophie hängt ab vom Verständnis des ‚Existenz'-begriffes, der die monadologische Bestimmung des Seins jedes Seienden trägt. Die folgende Darstellung der Geschichte des Existenzbegriffes *streift* nur die spezifische leibnizsche Prägung."[357] Der Existenzbegriff darf jedoch nicht isoliert betrachtet werden. Heidegger knüpft hier an ein phänomenologisches Grundproblem an, das er in § 6 der Marburger Vorlesung *Die Grundprobleme der Phänomenologie* vom Sommersemester 1927 als das „Problem der Grundartikulation des Seins (essentia, existentia)" bezeichnete.[358] In dem Kränzchen-Vortrag heißt es:

„Existentia bekommt dadurch eine ausdrückliche Abhebung ihrer Bedeutung, daß sie gegen die essentia unterschieden wird. Die essentia meint die quidditas, das Wassein eines Seienden, das, was z. B. ‚der' Baum als ein solcher ‚ist', abgesehen davon, ob dieser oder jener Baum ‚existiert', hier und jetzt wirklich ist. Die essentia kann daher auch gleichgesetzt werden mit dem Wassein. Im deutschen Sprachgebrauch wird für das Wassein das Wort »Wesen« in Anspruch genommen […], trotzdem Wesen (wie ‚gewesen' zeigt[359]) gerade nicht auf das Wassein bezogen ist. Das Wassein bedeutet die innere Sachmöglichkeit einer Sache im Unterschied zu ihrer Verwirklichung und Wirklichkeit. […]

Die Unterscheidung von essentia und existentia nennt die zwei Grundarten, nach denen je ein Seiendes auf sein Sein hin angesprochen werden kann: nämlich daraufhin, ‚was es ist', und daraufhin, *‚daß* es ist'. Auf die Frage, was ein Seiendes sei, antwortet die ‚essentia', auf die Frage, ob es sei, die existentia. Diese sagt, daß ein Seiendes ‚ist', ὅτι ἔστιν [hóti éstin]; wogegen die essentia antwortet auf das τί ἐστιν [tí estin]. Diese Unterscheidung, *was* etwas ist und *daß* etwas ist, hat Aristoteles erstmals ausgesprochen (in den Begriff gebracht)."[360]

Die mannigfachen Umdeutungen, die die Unterscheidung von existentia und essentia in der Geschichte der Metaphysik erfahren hat, können hier nicht betrachtet werden. Es sei hier nur auf die neuzeitliche Metaphysik verwiesen:

„Je nachdem die erste Ursache alles Seienden gedacht wird, ob sie überhaupt als Gott gedacht, ja ob überhaupt eine erste Ursache gedacht wird, all dieses entscheidet über die Auffassung der Wirklichkeit als Gewirktheit des Wirklichen. Umgekehrt bestimmt die Art, wie das Seiende als Wirkliches und das heißt dann als ein

---

[356] Vgl. Heidegger *GA* 6.2: 450 f.; *GA* 80.2: 882 Anm. 66 und 67, 1374f.

[357] Heidegger *GA* 80.2: 851.

[358] Heidegger *GA* 24: 33, vgl. 23f.; vgl. dazu Uscatescu Barrón 1992.

[359] Zur althochdeutschen Wurzel (8. Jahrhundert) des Wortes „Wesen" heißt es im *Etymologischen Wörterbuch des Deutschen*: „ahd. *wesan* ‚das Verweilen an einem Ort, Aufenthalt, Existenz, Dasein' (8. Jh.)" (Pfeifer 2010: 1560).

[360] Heidegger *GA* 80.2: 852f.; vgl. auch *GA* 65: 270f.

auf den Menschen Wirkendes erfahren wird, über das Wirken des Wirklichen und seine ihm mögliche und eigene Gewirktheit. Von der actualitas des Deus creator als summum ens bis zum Willen zur Macht ist die Geschichte der neuzeitlichen Metaphysik von mannigfachen Abwandlungen des Existenzbegriffes durchzogen."[361]

Auch hier verweist Heidegger darauf, dass „den eigentlichen metaphysischen Schritt des Übergangs" zu dem, was sich im deutschen Idealismus und in Nietzsches Denken vollendet, erst Leibniz vollzieht, und zwar „in der Auseinandersetzung mit Descartes".[362] Um zu einem besseren Verständnis von Heideggers Ausführungen zu gelangen, ist daran zu erinnern, dass nach § 9 von *Sein und Zeit* gegenüber der Überlieferung, dem Primat des Was-seins (essentia), von einem „Vorrang der ‚existentia‘ vor der essentia"[363] auszugehen ist. Noch in dem Seminar vom Wintersemester 1937/38 verweist er kurz darauf: „Zuvor erst *Daß*-sein."[364] Der Terminus „existentia" in *Sein und Zeit* ist in Anführungszeichen gesetzt, weil das (menschliche) Dasein in seiner Existenz nicht mehr im Sinne der überlieferten existentia (Vorhandenheit) verstanden werden kann. Dieser Vorrang bestimmt nun auch Heideggers Auslegung des Seins der Monade. Leibniz denkt „jede Weise des Seins als modus existendi von der monadisch bestimmten existentia" her.[365] Im zweiten Band seines *Nietzsche*-Buchs spricht er von „der vis und existentia"[366], was darauf verweist, dass die vis primitiva activa nur dann ursprünglich verstanden werden kann, wenn man sie im Sinne der überlieferten *existentia* („Daß-sein", griechisch hóti éstin (ὅτι ἔστιν)) versteht. In der nachfolgenden Schulphilosophie wird dagegen von Christian Wolff (1679–1754) – in seiner Schrift *Philosophia prima sive Ontologia* (§ 174) – „die existentia wieder in die scholastische Auffassung zurückgedeutet und als complementum possibilitatis begriffen", als Ergänzung der Möglichkeit.[367] Noch deutlicher wird in § 8 von Alexander Gottlieb Baumgartens (1714–1762) Schrift *Metaphysica*, die noch Immanuel Kant seinen Metaphysik-Vorlesungen zugrunde legte, das *possibile* einzig und unmittelbar aus dem formalen Widerspruchsprinzip, dem *„principium contradictionis et absolute primum"* (§ 7), abgeleitet.[368]

Im zweiten Band seines *Nietzsche*-Buchs (1961) prägt Heidegger den Terminus *„exigentiell"* für das „Existieren".[369] Er spricht auch vom „exigentielle[n] Wesen

---

[361] Heidegger *GA* 80.2: 863.
[362] Heidegger *GA* 80.2: 867.
[363] Heidegger *GA* 2: 58.
[364] Heidegger *GA* 88: 111.
[365] Heidegger *GA* 6.2: 408.
[366] Heidegger *GA* 6.2: 409.
[367] Heidegger *GA* 80.2: 869; vgl. Wolff 1962: 143.
[368] Baumgarten 1963: 3; vgl. Heidegger *GA* 84.1: 217.
[369] Heidegger *GA* 6.2: 407.

des Seins", das „im vollen Beginn der neuzeitlichen Metaphysik" (Leibniz) bestimmend wird.[370] Das Verbum ex-igere (ex-igo) heißt „heraus-, wegtreiben" und
damit übertragen u. a. „verlangen, fordern, auf etwas dringen".[371] Heidegger geht
aus von einem undatierten Text ohne Überschrift von Leibniz[372], den er mit dem
Namen „Die 24 Sätze" bezeichnet.[373] In diesen „24 Sätzen" erreicht Leibniz erst
„den Gipfel seiner geheimnisvollen Durchsichtigkeit".[374] Der erste der „24 Sätze"
beginnt mit der Aussage: „*Ratio* est in Natura, cur aliquid potius existat quam
nihil." Heidegger gibt folgende Übersetzung und Erläuterung: „‚Ein Grund ist im
Wesen des Seienden als eines Seienden, warum Etwas eher, d. h. lieber und
mögender, existiert als nichts.' Dies sagt: Seiendes ist in seinem Sein *exigentiell*
hinsichtlich seiner selbst. ‚Existieren' heißt schon in sich: Mögen und einigendes
Vermögen, das ein Erwirken ist."[375] Damit fasst Heidegger Leibniz' Begriff der
Möglichkeit (possibilitas) noch deutlicher als in dem Leibniz-Seminar vom
Wintersemester 1935/36 als ein *Erwirken*: „Die Möglichkeit eines Möglichen ist
als Sein bereits ein ‚Existieren', d. h. wesenhaft auf existentia bezogen. Das Mögliche ist bereits, weil es nur insofern überhaupt ‚ist', was es ist, ein Mögendes, ein
vorgeneigtes Sichversuchen und somit ein Gründen und Erwirken."[376]

Das Wirken und die Wirklichkeit, die actualitas im neuzeitlichen Sinne, die
„Wirkendheit"[377], wie Heidegger auch sagt, ist bei Leibniz mit der repraesentatio
(in dem oben beschriebenen „zwiefachen Sinne") zusammenzudenken:

„Existenz besagt jetzt nicht mehr griechisch Anwesung ins Unverborgene,
Weile des Jeweiligen und Vollendeten (ἐνέργεια [enérgeia]), existentia heißt auch
nicht nur actualitas, Wirklichkeit als wirkende Gewirktheit, sondern Existieren bedeutet jetzt zwar actualitas, Wirken, aber dieses Wirken ist dranghaftes repraesentieren. In diesem Drang liegt das Verlangen und Auslangen nach dem Praesent-
werden dessen, was je das Seiende ist nach seinem Wesen. Dieses *Verlangen* –
Verlangendsein ist der Grundzug der existentia, weshalb sie Leibniz auch begreift
als exigentia essentiae; und die essentia ihrerseits ist bereits und nur als nisus ad
existendum [Streben nach Existenz]."[378]

Heidegger gibt im zweiten Band seines *Nietzsche*-Buchs folgende Zusammenfassung:

---

[370] Heidegger *GA* 6.2: 409.
[371] Georges 2014: 99f.
[372] Leibniz 1978 (VII): 289–291 (= Leibniz 1966: 533–535); Heidegger *GA* 6.2: 414–416; vgl. *GA* 49: 199–203.
[373] Heidegger *GA* 6.2: 406.
[374] Heidegger *GA* 6.2: 406.
[375] Heidegger *GA* 6.2: 407f.
[376] Heidegger *GA* 6.2: 407.
[377] Heidegger *GA* 80.2: 861, 863f., 866, 868; vgl. *GA* 66: 191.
[378] Heidegger *GA* 80.2: 868.

„Das [zwiefache] repraesentare als perceptio-appetitus im Sinne der vis primitiva activa ist die actualitas eines *jeden* subiectum im alten Sinne [des hypokeímenon (ὑποκείμενον)] und bestimmt das Wesen der Substanz als der Monade. [...]
Existentia ist jetzt exigentia essentiae; ihr principium die perfectio; perfectio ist gradus essentiae; essentia aber nisus ad existendum.
Die scholastische Unterscheidung von potentia und actus, die selbst eine Umdeutung der Aristotelischen Unterscheidung δύναμις – ἐνέργεια [dýnamis – enérgeia] darstellt, wird überwunden (Leibniz)."[379]
Dennoch bleibt für Heidegger (wie in § 5 bereits angesprochen wurde) eine solche Überwindung der Scholastik, „die Leibniz mehrfach (vor allem de primae philosophiae emendatione[380]) versucht, mißverständlich und *abgeleitet*".[381]
Abschließend soll im Sinne einer Überleitung noch Heideggers Auslegung des 4. Satzes der „24 Sätze" herausgestellt werden. Er schreibt: „Der 4. Satz: ,Est ergo causa cur Existentia praevaleat non-Existentiae, seu *Ens necessarium* est *Existentificans*.'[382] Mit dieser Bestimmung des facere kommt zugleich der Herstellungscharakter des Seins in dem Sinne zum Vorschein, daß das Sein selbst von einem Seienden gemacht und gewirkt wird."[383]

---

[379] Heidegger *GA* 6.2: 432f.
[380] Leibniz 1978 (IV): 468–470.
[381] Heidegger *GA* 88: 107. Heidegger spricht auch im 65. Abschnitt „Seyn und Macht" der Abhandlung *Besinnung* von der „Mißdeutung der aristotelischen ἐντελέχεια [entelécheia] und ἐνέργεια [enérgeia] zur ,Wirklichkeit' des Wirkenden und Wirkfähigen", wobei „Leibnizens Monadenlehre von der substantia als der vis primitiva activa" nach „rückwärts und vorwärts" eine „gleich wesentliche Bedeutung" erlangt (Heidegger *GA* 66: 191).
[382] Leibniz 1978 (VII): 289 (= Leibniz 1966: 534); vgl. Leibniz 1978 (VI): 602 (*PNG* § 7).
[383] Heidegger *GA* 6.2: 408; vgl. *GA* 49: 200f.

§ 12 Die Haupttendenz der Metaphysik des modernen Zeitalters bei Leibniz in der Vorlesung *Der Satz vom Grund* vom Wintersemester 1955/56

a) Die seinsgeschichtliche Bestimmung des Wesens der neuzeitlichen Naturwissenschaft und der modernen Technik als das „Ge-stell"

Der zuvor angesprochene „Herstellungscharakter des Seins" verweist beim späten Heidegger auf das, was er hinsichtlich der seinsgeschichtlichen Bestimmung des Wesens der modernen Technik erstmals in seinem Bremer Vortrag ‚Das Ge-Stell' vom 1. Dezember 1949 öffentlich mit eben diesem Begriff bezeichnet.[384] In dem bekannteren Vortrag ‚Die Frage nach der Technik', den Heidegger am 18. November 1953 an der Technischen Hochschule (ab 1970: Technische Universität) München hielt, heißt es zum Terminus „Ge-stell":

„Wir nennen jetzt jenen herausfordernden Anspruch, der den Menschen dahin versammelt, das Sichentbergende als Bestand zu bestellen – das *Ge-stell*.

Wir wagen es, dieses Wort in einem bisher völlig ungewohnten Sinne zu gebrauchen."[385]

Die Vorsilbe „Ge-" („ge-"[386]) ist, wie auch bei anderen begrifflichen Neuprägungen Heideggers, z. B. „Geviert"[387], als kollektives Präfix zu verstehen: „Wir nennen jenes ursprünglich Versammelnde, daraus sich die Weisen entfalten, nach denen uns so und so zumute ist, das Gemüt."[388] Das Wesen der modernen Technik als das Ge-stell waltet für Heidegger bereits in der neuzeitlichen Physik (u. a. Galileo Galilei, Johannes Kepler, Isaac Newton):

„Die neuzeitliche physikalische Theorie der Natur ist die Wegbereiterin nicht erst der Technik, sondern des Wesens der modernen Technik. Denn das herausfordernde Versammeln in das bestellende Entbergen waltet bereits in der Physik. Aber es kommt in ihr noch nicht eigens zum Vorschein. Die neuzeitliche Physik ist der in seiner Herkunft noch unbekannte Vorbote des Ge-stells."[389]

---

[384] Heidegger *GA* 79: 24–45. Der Begriff der „Machenschaft" deutet darauf voraus (vgl. Heidegger *GA* 65: 126–135, 141–143, 155).

[385] Heidegger *GA* 7: 5–36, 20; vgl. Herrmann 1994: 108–171.

[386] Vgl. Pfeifer 2010: 403f.

[387] Vgl. Heidegger *GA* 7: 165–187.

[388] Heidegger *GA* 7: 20.

[389] Heidegger *GA* 7: 23; vgl. Neumann 1999: 260–274.

b) Heidegger versus Robinet: Atomzeitalter oder Informatikzeitalter?

Kehren wir nach diesen Vorbemerkungen zu Leibniz zurück. Eine zentrale Textstelle findet sich in der fünften Stunde von Heideggers Freiburger Vorlesung *Der Satz vom Grund* vom Wintersemester 1955/56:

„Demgemäß bestimmt Leibniz mehr geschichtlich verborgen als historisch sichtbar nicht nur die Entwicklung der modernen Logik zur Logistik und zur Denkmaschine, nicht nur die radikalere Auslegung der Subjektivität des Subjektes innerhalb der Philosophie des Deutschen Idealismus und ihrer nachkommenden Ableger. Das Denken von Leibniz trägt und prägt die Haupttendenz dessen, was wir, weit genug gedacht, die Metaphysik des modernen Zeitalters nennen können. Der Name Leibniz steht deshalb in unseren Überlegungen nicht als Bezeichnung für ein vergangenes System der Philosophie. Der Name nennt die Gegenwart eines Denkens, dessen Stärke noch nicht ausgestanden ist, eine Gegenwart, die uns erst noch entgegenwartet. Nur im Blick zurück auf das, was Leibniz denkt, können wir das gegenwärtige Zeitalter, das man das Atomzeitalter nennt, als jenes kennzeichnen, das von der Macht des principium reddendae rationis sufficientis durchmachtet wird."[390]

Dagegen sagt André Robinet (1922–2016), der u. a. eine kritische Ausgabe der ‚Monadologie'[391] nach den Manuskripten in Hannover, Wien und Paris herausgegeben hat, in seinem Vortrag ‚Leibniz und Heidegger: Atomzeitalter oder Informatikzeitalter?', den er am 28. November 1974 vor der Leibniz-Gesellschaft in Hannover hielt:

„So wird die Debatte über die Charakteristik unserer Epoche mehr zu einer Befragung über die *Bedeutung der Informatik für die Sprache* als über die *Kraft des Atoms*.

Zunächst werden – aus einem äußeren Grund – Erforschung, Entdeckung, Ausbeutung des Atoms völlig abhängig von denjenigen Gebieten der Informatik, deren Anwendung ein Rechnen von höchster Leistung im Hinblick auf Schnelligkeit, Zuverlässigkeit und Verschiedenartigkeit erlaubt, das allen anderen Verfahren weit überlegen ist. Der wahre Sprung, den unsere Epoche und unsere Gattung geschafft haben, betrifft nicht die Vermehrung der Kraft des Atoms, sondern die Intelligenz der Automaten, die seinen Aufbau aufspüren."[392]

Und an einer späteren Stelle stellt Robinet die Frage:

„Hätte Leibniz also sehr viel gründlicher als Heidegger erkannt, was das Charakteristische der modernen Zeit ausmacht und was das Eigentümliche unserer

---

[390] Heidegger *GA* 10: 51, vgl. 130.
[391] Leibniz 1954; vgl. auch Heidegger *GA* 10: 65.
[392] Robinet 1976: 253.

Epoche sein wird? Bringen wir da nicht in der Tat das zur Vollendung, was in der *Ars combinatoria* oder in der *Monadologie* im Keim vorhanden war?"[393]

Heidegger würde jedoch widersprechen, die „Ausbeutung des Atoms" nur als eine „Anwendung" der Informatik zu verstehen. Atomphysik und Informatik sowie deren technische Anwendungen dürfen nicht gegeneinander ausgespielt werden, sondern sind für ihn ihrem grundlegenden seinsgeschichtlich-technischen Wesen nach ein und dasselbe. An der oben zitierten längeren Textstelle wird von Heidegger ebenso die „Denkmaschine" genannt. An einer anderen Stelle, dem von Robinet nicht herangezogenen Vortrag ‚Der Satz vom Grund' vom 25. Mai 1956, heißt es ausdrücklich:

„Demgemäß gewinnt die Vorstellung von der Sprache des Menschen als einem Instrument der Information in steigendem Maße die Oberhand. Denn die Bestimmung der Sprache als Information verschafft allererst den zureichenden Grund für die Konstruktion der Denkmaschinen und für den Bau der Großrechenanlagen."[394]

Ausführlicher geht Heidegger auf die Bestimmung der Sprache als Information in seinem späteren Vortrag ‚Überlieferte Sprache und technische Sprache'[395] (1962), der überarbeiteten und wesentlich erweiterten Fassung seines Vortrags ‚Zur Frage nach der Bestimmung des Denkens'[396] (1965) und dem in Athen gehaltenen Vortrag ‚Die Herkunft der Kunst und die Bestimmung des Denkens'[397] (1967) ein, wobei er sich vor allem mit Norbert Wiener (1894–1964), dem Begründer der Kybernetik, auseinandersetzt.

Über Leibniz sagt Heidegger aber auch in der zwölften Stunde seiner Vorlesung *Der Satz vom Grund*:

„Im Jahre 1677 (mit 31 Jahren) schrieb Leibniz einen Dialog über die Lingua rationalis, d. h. den Kalkül, die Rechnungsart, die imstande sein soll, durchgängig für alles, was ist, die Beziehungen zwischen Wort, Zeichen und Sache durchzurechnen. Hier in diesem Dialog und in anderen Abhandlungen hat Leibniz die Fundamente für das vorausgedacht, was heute als Denkmaschine nicht nur benutzt wird, was vielmehr die Denkweise bestimmt. In einer handschriftlichen Randbemerkung zu diesem Dialog vermerkt Leibniz: Cum Deus calculat fit mundus. Wenn Gott rechnet, wird Welt."[398]

---

[393] Robinet 1976: 254.
[394] Heidegger *GA* 10: 171–189, 182, vgl. 22.
[395] Heidegger *GA* 80.2: 1173–1195.
[396] Heidegger *GA* 80.2: 1243–1265.
[397] Heidegger *GA* 80.2: 1309–1346.
[398] Heidegger *GA* 10: 151; vgl. *GA* 16: 353; *GA* 76: 344. Das vollständige Zitat lautet: „Cum Deus calculat et cogitationem exercet fit mundus." (Leibniz 1978 (VII): 190–193, 191 Anm. (= Leibniz 1999: 20–25, 22 Anm. 1))

c) Der Grundsatz des zuzustellenden Grundes
(principium reddendae rationis) bei Leibniz

Das Hauptthema der Vorlesung ist aber der Satz vom Grund, den Heidegger in einer bestimmten Weise auslegt: „Der Satz vom Grund ist darum für Leibniz der Grundsatz des zuzustellenden Grundes."[399] Er bezieht sich in der dritten Stunde u. a. auf Leibniz' Abhandlung ‚Specimen inventorum de admirandis naturae Generalis arcanis' (1688 [?]):

„duo sunt prima principia omnium ratiocinationum, Principium nempe contradictionis [...] et principium reddendae rationis; ‚es gibt zwei oberste Prinzipien für alle Beweisgänge, das Prinzip – versteht sich – des Widerspruchs und das Prinzip *reddendae* rationis.' Dieses an zweiter Stelle genannte Prinzip sagt, quod omnis veritatis reddi ratio potest (ib.), ‚daß für jede Wahrheit (d. h. nach Leibniz für jeden wahren Satz) der Grund erstattet werden kann'. Das principium rationis ist für Leibniz, streng gedacht, das principium reddendae rationis. Rationem reddere heißt: den Grund zurückgeben. Weshalb zurück und wohin zurück? Weil es sich in den Beweisgängen, allgemein gesprochen im Erkennen um das *Vor*stellen der *Gegen*stände handelt, kommt dieses ‚zurück' ins Spiel. Die lateinische Sprache der Philosophie sagt es deutlicher: das Vorstellen ist re-praesentatio."[400]

Das principium reddendae rationis wird mit der schon früher in den Blick gebrachten re-praesentatio in Verbindung gebracht. Mit der Herausstellung der *re*-praesentatio und des principium *red-dendae* rationis aus der Blick- und Fragebahn des in sich gegenschwingenden Er-eignisses unterscheidet sich die Vorlesung vom Wintersemester 1955/56 grundlegend von der Schrift ‚Vom Wesen des Grundes' (1929), in der der Grund noch als „ein transzendentaler Wesenscharakter des *Seins überhaupt*"[401] ausgelegt wird, also noch aus der transzendental-horizontalen Blickbahn der Fundamentalontologie her verstanden wird. Wenn Heidegger an einer späteren Stelle der Vorlesung auf die Etymologie des Wortes „ratio" eingeht, dann ist vorauszuschicken, wie er in dem Vortrag ‚Das Ding' ausführt, dass eine solche Erfahrung des Wesens einer Sache nicht auf die Willkür einer Etymologie gegründet ist: „In Wahrheit steht es darum hier und in den übrigen Fällen nicht so, daß unser Denken von der Etymologie lebt, sondern daß die Etymologie darauf verwiesen bleibt, zuvor die Wesensverhalte dessen zu bedenken, was die Wörter als Worte unentfaltet nennen."[402] In der zwölften Stunde der Vorlesung heißt es zum Zeitwort reor:

---

[399] Heidegger *GA* 10: 34.
[400] Heidegger *GA* 10: 34; vgl. Leibniz 1978 (VII): 309–318, 309 (= Leibniz 1999: 1615–1630, 1616).
[401] Heidegger *GA* 9: 123–175, 172.
[402] Heidegger *GA* 7: 165–187, 176f.

„Ratio gehört zum Zeitwort reor, dessen leitender Sinn ist: etwas für etwas halten; das, wofür etwas gehalten wird, wird unterstellt, supponiert. Bei solchem Unterstellen wird dasjenige, dem etwas unterstellt wird, auf das zugerichtet, was ihm unterstellt wird. […] Der eigentliche Sinn von ‚rechnen' ist nicht notwendig auf Zahlen bezogen. […] Im Rechnen mit und auf etwas wird das also Be-rechnete für das Vorstellen hervorgebracht, nämlich ins Offenkundige. Durch solches Rechnen kommt etwas heraus; eventus und efficere gehören so in den Bereich der ratio."[403]

Ebenso bleibt das „Mathematische" nicht auf die Mathematik (im engeren Sinne) beschränkt. Was heißt also „mathematisch"? In der Vorlesung *Die Frage nach dem Ding* sagt Heidegger: „Es scheint, daß wir die Antwort auf diese Frage nur aus der Mathematik selbst schöpfen können. Das ist ein Irrtum; denn die Mathematik ist selbst nur eine bestimmte Ausformung des Mathematischen."[404]

Auch wenn es Heidegger hier nicht ausdrücklich sagt, kommt der Anspruch auf die durchgängige Berechenbarkeit und damit Vorausberechenbarkeit der Natur oder des Seienden im Ganzen erstmals in der mathematischen Naturwissenschaft der Neuzeit (seit Galileo Galilei) zum Durchbruch.[405] Die mathematische Physik ist auch der Ausgangspunkt des jungen Leibniz.[406] Der Übergang zu Leibniz' reifen Schriften zur Mechanik und Dynamik ist, wie Glenn W. Most anhand der Entwicklung des Textes der Schrift *Specimen Dynamicum* aufzeigt, durch eine „allmähliche *Metaphysizierung*" gekennzeichnet.[407]

Gleich zu Beginn der Vorlesung verweist Heidegger darauf, dass der Satz vom Grund in der von Leibniz geprägten Formulierung „Nihil est sine ratione. Nichts ist ohne Grund." zwei Verneinungen enthält. „Die doppelte Verneinung ergibt", wie er erläutert, „eine Bejahung", und zwar in stärkerer Weise als der positive Satz: „Was der Satz setzt, setzt er als ausnahmslos. Der Satz vom Grund ist weder eine Feststellung noch eine Regel. Er setzt, was er setzt, als Notwendiges."[408] Wenn der Satz vom Grund aber keine bloß empirisch festgestellte Tatsache oder eine entsprechend aufgestellte Regel ist, dann muss es für Heidegger erlaubt sein, in radikaler Weise zu fragen: „Worauf gründet der Satz vom Grund? Wo hat der Satz vom Grund selber seinen Grund?"[409]

Die von Heidegger angesprochene Problematik lässt sich auch bei Leibniz selbst verdeutlichen. Nach Michael-Thomas Liske ist es unbestreitbar, „daß das Prinzip vom zureichend determinierenden Grund selbst als absolut notwendig zu gelten

---

[403] Heidegger *GA* 10: 148f.; vgl. Walde – Hofmann 2007–2008 (II): 419f. (ratio), 429 (reor).
[404] Heidegger *GA* 41: 69; vgl. *GA* 5: 75–113, 78.
[405] Vgl. Neumann 1999: 96–128, 260–279.
[406] Vgl. Beeley 1996.
[407] Most 1984: 157.
[408] Heidegger *GA* 10: 6f.
[409] Heidegger *GA* 10: 7f.

hat".[410] In der am Rand der „Introductio ad Encyclopaediam arcanam" (1683–1685 [?]) ergänzten Tabelle, in der Prinzipien verschiedener Gewissheitsgrade zusammengestellt sind, nennt Leibniz die mit „metaphysischer Gewissheit" geltenden beiden ersten Prinzipien a priori, nämlich das Widerspruchsprinzip und das Prinzip vom Grund: „*Principia prima a priori.* | *Principia certitudinis metaphysicae* | Nihil potest simul esse et non esse, sed Quodlibet est vel non est: | Nihil est sine ratione."[411] Nicht nur der kosmologische Gottesbeweis, der ausgehend von der geschaffenen Welt auf die notwendige Existenz Gottes („Ens necessarium"[412]) schließt, sondern auch der ontologische Gottesbeweis muss das Prinzip vom Grund schon voraussetzen.[413] Es würde aber keinen Sinn ergeben, aus einem selbst nur *kontingenten* Prinzip auf die *notwendige* Existenz Gottes zu schließen. Dagegen ist für Hans Poser das Prinzip des zureichenden Grundes „selbst kontingent".[414] In der unter dem Titel „De principiis praecipue contradictionis et rationis sufficientis" (1886/87 [?]) in die Akademie-Ausgabe aufgenommenen Schrift grenzt Leibniz das Axiom, „Dass *Nichts ohne Grund ist* (Quod *Nihil est sine ratione*)" (implizit) von der „mathematischen Notwendigkeit" ab, wie sie (nur) „den logischen Formen und den Wahrheiten der Zahlen zukommt".[415] Die logischen Wahrheiten, die auf dem Prinzip des Widerspruchs beruhen, d. h. deren Gegenteil einen Widerspruch einschließt, kennzeichnet er an einer vorangehenden Stelle des genannten Textes (unter Berufung auf die Scholastik) auch als „Wahrheiten von absoluter oder metaphysischer Notwendigkeit (veritates quae sunt absolutae seu metaphysicae necessitatis)".[416] Damit würde aber dem Prinzip des zureichenden Grundes (zumindest) keine absolute oder metaphysische Notwendigkeit zukommen. Auch eine weitere Textstelle scheint dies zu bestätigen. Nach dem Anhang ‚Bemerkungen über das vor kurzem in England veröffentlichte Buch über den Ursprung des Übels' (§ 14) der *Essais de Théodicée* ist es „sogar notwendig, daß dasjenige, was keinen zureichenden Grund besitzt (qui n'a aucune raison suffisante), auch nicht zu existieren vermag (n'existe point)".[417] Der Terminus „notwendig (necessaire)" ist hier nicht als eine Art von Nachlässigkeit oder Ungenauigkeit zu verstehen, da man „Wahrheiten, deren Gegenteil einen Widerspruch einschließt (verités dont le contraire implique contradiction)", wie Leibniz gleich anschließend ausführt, für „absolut [!] notwendig (absolument necessaire)" halten kann. In seinem fünften Schreiben an Clarke (§ 129) vom 18. August 1716 behauptet Leibniz wiederum,

---

[410] Liske 1993: 120.
[411] Leibniz 1999: 525–531, 530 Anm. 5 (= Leibniz 1966: 511–515, 515).
[412] Leibniz 1999: 1617f. (Specimen inventorum) (= Leibniz 1978 (VII): 310).
[413] Vgl. Saame 1961: 46–51.
[414] Poser 2016: 221.
[415] Leibniz 1999: 803–806, 806 (= Leibniz 1978 (VII): 299–301, 301).
[416] Leibniz 1999: 805 (= Leibniz 1978 (VII): 300).
[417] Leibniz 1978 (VI): 400–436, 414; Übers. nach: Leibniz 1996c: 418–462, 434.

dass „„dieses große Prinzip (ce grand Principe)"" (des zureichenden Grundes) nicht nur *a posteriori*, sondern außerdem „aus reiner Vernunft oder *a priori* (par la pure raison ou *a priori*)"" gerechtfertigt werden könne.[418] Also wäre es doch ein *metaphysisches* (oder absolut notwendiges) Prinzip. Allerdings spricht er hier nur von „gerechtfertigt (justifié)".

Ein solches Schwanken hinsichtlich der Stellung und der Gewissheit des Prinzips des zureichenden Grundes bei Leibniz könnte auf eine grundsätzlichere Schwierigkeit hindeuten. Es soll nochmals auf die schon oben angesprochene Textstelle zurückgekommen werden:

„Die verneinende Satzform spricht deutlicher als die bejahende. Diese muß sachgemäß lauten: Jedes Seiende hat *notwendig* einen Grund. Doch welcher Art ist diese Notwendigkeit? Worin beruht sie? Worauf gründet der Satz vom Grund? Wo hat der Satz vom Grund selber seinen Grund? Indem wir so fragen, streifen wir schon das Verfängliche und Rätselvolle dieses Satzes. Freilich kann man das Rätselhafte des Satzes vom Grund mit einem Machtspruch auf einen Schlag beseitigen. Man versichert, was der Satz aussage, sei unmittelbar einleuchtend; er bedürfe weder einer Nachprüfung noch gar eines Beweises."[419]

Heidegger sieht, wie er in der vierten Stunde der Vorlesung weiter ausführt, im Satz vom Grund einen Kreisgang, dessen „Zirkelverhältnis" aber nicht im logischen Sinne (als eine *petitio principii*) gemeint ist, sondern ursprünglicher aus dem „Anspruchscharakter des Grundes" zu verstehen ist:

„Wenn der Satz vom Grund das großmachende Prinzip ist, dann liegt in seinem Machten eine Art von Wirken. In der Tat spricht Leibniz in der genannten Abhandlung (n. 2[420]) davon, daß den obersten Sätzen ein Wirken, ein efficere zukommt. Alles Wirken verlangt jedoch (nach dem Satz vom Grund) eine Ursache. Die erste Ursache aber ist Gott. Also gilt der Satz vom Grund nur, insofern Gott existiert. Allein Gott existiert nur, insofern der Satz vom Grund gilt. Solches Denken bewegt sich im Kreis."[421]

Aus dem in sich gegenschwingenden Er-eignis gedacht, ent-sprechen wir dem „Anspruchscharakter des Grundes", indem wir auf diesen Anspruch hören. Der hermeneutische „Zirkel" muss nun gegenüber § 32 von *Sein und Zeit*[422] eigens aus dem Zuspruch (Zuruf, Zuwurf) oder Anspruch des Er-eignisses gedacht werden.[423]

---

[418] Leibniz 1978 (VII): 389–420, 420.

[419] Heidegger *GA* 10: 7f.

[420] Heidegger *GA* 6.2: 414 (Leibniz, „Die 24 Sätze"); Leibniz 1966: 533f. (= Leibniz 1978 (VII): 289).

[421] Heidegger *GA* 10: 43, vgl. 20f. In seinem fünften Schreiben an Clarke (§ 20 und § 125) wendet sich Leibniz selbst gegen den Vorwurf einer *petitio principii* („une petition de principe"), der ihm von Zeitgenossen gemacht wurde (Leibniz 1978 (VII): 393 und 419).

[422] Heidegger *GA* 2: 202f.

[423] Vgl. Herrmann 2019a: 207.

Mit der Überwindung von Horizont und Transzendenz bedeutet das Hermeneutische des ereignisgeschichtlichen Denkens „nicht erst das Auslegen, sondern vordem schon das Bringen von Botschaft und Kunde": „Hermes ist der Götterbote. Er bringt die Botschaft des Geschickes; ἑρμηνεύειν [hermēneúein] ist jenes Darlegen, das Kunde bringt, insofern es auf eine Botschaft zu hören vermag."[424]

Über die Abhandlung ‚Vom Wesen des Grundes'[425] (1929) urteilt Heidegger in der sechsten Stunde der Vorlesung: „Diese Darlegungen bleiben richtig. Dennoch führten sie in die Irre."[426] Obwohl die frühere Abhandlung vom „Wesen des Grundes" handelt, gibt sie, wie er im Rückblick festhält, über dieses „Nächstliegende" keinen Einblick: „Für diese Abhandlung liegt klar vor Augen, daß der Satz ‚Nichts ist ohne Grund' etwas über das Seiende aussagt und keine Aufhellung darüber gibt, was ‚Grund' heißt."[427] Heidegger spricht in der fünften Stunde der Vorlesung von „*zwei verschiedenen* Tonarten"[428], die in den verschiedenen Betonungen (Hervorhebungen) zum Ausdruck gebracht werden. Eine ähnliche Vorgehensweise findet sich auch in Heideggers Freiburger Vortrag ‚Der Satz der Identität' (1957).[429] In der üblichen Tonart, die auch noch der genannten Abhandlung von 1929 zugrunde liegt, kann man sagen: „*Nihil* est *sine* ratione. *Nichts* ist *ohne* Grund. In der bejahenden Form heißt dies: *Alles hat* einen Grund."[430] In der von Heidegger nun bevorzugten Betonung lautet der Satz: „Nihil *est* sine *ratione*. Nichts *ist* ohne *Grund*. In der bejahenden Form heißt dies: Jedes *Seiende (als Seiendes)* hat einen *Grund*."[431] Die zuletzt genannte Betonung nennt er in der sechsten Stunde „die maßgebende": „Nihil *est* sine *ratione*. ‚Nichts *ist* ohne *Grund*.' Die Betonung läßt uns einen Einklang von ‚ist' und ‚Grund', est und ratio hören."[432] Diese Lesart geht über das hinaus, was bei Leibniz selbst zum Ausdruck gebracht wird. Der Satz vom Grund ist „verborgenerweise" ein *Sagen vom Sein*: „*Zum Sein gehört dergleichen wie Grund. Das Sein ist grundartig, grundhaft.* [...] *Sein west in sich als gründendes*."[433] Zur weiteren Vertiefung müsste, was hier nicht ausgeführt werden kann und auch für Heideggers Leibniz-Auslegung nicht erforderlich ist, auf jene vierte Fügung des Ereignisses in den *Beiträge zur Philosophie* zurückgegriffen

---

[424] Heidegger *GA* 12: 79–146, 115; vgl. Herrmann 1990.
[425] Heidegger *GA* 9: 123–175.
[426] Heidegger *GA* 10: 68.
[427] Heidegger *GA* 10: 69.
[428] Heidegger *GA* 10: 60.
[429] Heidegger *GA* 11: 31–50; vgl. Neumann 2009.
[430] Heidegger *GA* 10: 60.
[431] Heidegger *GA* 10: 60.
[432] Heidegger *GA* 10: 69.
[433] Heidegger *GA* 10: 73.

werden, die Heidegger als „Die Gründung" bezeichnet.[434] Bei Leibniz bleibt für Heidegger das Sein „selbst grundlos", fällt das Sein als solches „nicht in den Machtbereich des Satzes vom Grund, sondern nur das Seiende".[435] In der metaphysischen Bestimmung des Seins als Seiendheit wird der Grund des Seins als das höchste und eigentliche Seiende (bei Leibniz die göttliche Urmonade) „das Seiendste, somit das Beständigste und Anwesendste", „das ἀεὶ ὄν [aeì ón]", das Immer-Seiende.[436]

d) Die Incubationszeit des Satzes vom Grund

Bereits in der ersten Stunde der Vorlesung *Der Satz vom Grund* spricht Heidegger von der „Incubationszeit" des Satzes vom Grund. Das lateinische Wort „incubare" bedeutet „in oder auf etwas liegen, brüten". Der Begriff „Inkubationszeit" stammt aus der Medizin und bezeichnet den „Zeitraum zwischen Aufnahme des Krankheitserregers im Körper und Ausbruch der Krankheit".[437] Heidegger schreibt: „Aber noch seltsamer ist es, daß wir uns immer noch nicht darüber wundern, mit welcher Langsamkeit der Satz vom Grund zum Vorschein kommt. Man möchte die lange Zeit, die er dazu brauchte, seine Incubationszeit nennen: zweitausenddreihundert Jahre für das Setzen dieses einfachen Satzes. Wo und wie hat der Satz vom Grund so lange geschlafen und das in ihm Ungedachte vorausgeträumt.?"[438]

Arnaud Lalanne hat sich in seiner über 1400 Seiten umfassenden Dissertation mit dem Titel *Genèse et évolution du principe de raison suffisante dans l'œuvre de G. W. Leibniz* an der Pariser Sorbonne von 2013 in einer historisch-kritisch ausgerichteten Untersuchung umfassend mit Leibniz' Rezeption des Prinzips des (zureichenden) Grundes in der abendländisch-europäischen Geschichte der Philosophie und Theologie befasst. Die Untersuchung zur Philosophiegeschichte setzt ein mit Leibniz' Rezeption des Platonismus, insbesondere zu Platons *Timaeus*. Lalanne unterscheidet fünf Hauptphasen in der Entwicklung dieses Prinzips bei Leibniz:

Die ersten beiden Phasen umfassen die „Ausarbeitung (élaboration)" (1663–1676) und die „systematische Erforschung (exploration systématique)" (1677–1686) des Prinzips des (zureichenden) Grundes und seiner Anwendung auf die

---

[434] Heidegger *GA* 65: 6, 9, 291–392; vgl. Herrmann 2019a: 169–199; Neu 1997. Auch in der Vorlesung von 1955/56 spricht Heidegger vom „Ab-bleiben des Grundes vom Sein" (bei Leibniz), vom „Ab-Grund" (Heidegger *GA* 10: 76f.; vgl. *GA* 65: 371–388; *GA* 66: 99–101, 125–131).

[435] Heidegger *GA* 10: 77.

[436] Heidegger *GA* 66: 128; vgl. *GA* 65: 472.

[437] Pfeifer 2010: 582.

[438] Heidegger *GA* 10: 5, vgl. 80–83.

„kontingenten Wahrheiten (vérités contingentes)".[439] Das principium *reddendae* rationis entwickelt Leibniz erst in der dritten Phase:

„Dritte Phase: Die Entdeckung des Prinzips des zurückzugebenden Grundes der kontingenten Wahrheiten (1687–1697),

Vierte Phase: Die Entdeckung des Prinzips des zureichenden Grundes im Kontext des Streites über die Prädestination (1698–1706),

und die Fünfte Phase: Die ‚Erfordernis‘ des Prinzips des (zureichenden) Grundes zur Verteidigung der Sache Gottes und der ‚wahren Metaphysik‘ (1707–1716)."[440]

Heideggers Fragestellung ist jedoch keine philosophiehistorische, sondern eine seinsgeschichtliche. Zum besseren Verständnis soll eine Stelle aus dem 52. Abschnitt der *Beiträge zur Philosophie* angeführt werden:

„*Die Seinsverlassenheit* [= Überschrift] ist am stärksten dort, wo sie sich am entschiedensten versteckt. Das geschieht da, wo das Seiende das Gewöhnlichste und Gewohnteste geworden ist und werden mußte. Das geschah zuerst im *Christentum* und seiner Dogmatik, wonach alles Seiende in seinem Ursprung *erklärt* ist als ens creatum und wo der Schöpfer das Gewisseste ist, alles Seiende die Wirkung dieser seiendsten Ursache."[441]

Auch Leibniz ist wesentlich vom Christentum beeinflusst.[442] Während in der Incubationszeit das Sein als gründendes noch in latenter Weise anwest und nicht „schlechthin verborgen"[443] bleibt, kommt es mit Leibniz zu einem noch entschiedeneren Entzug. In der siebenten Stunde heißt es: „Vielmehr schlägt die Incubation des Satzes dadurch, daß der Satz vom Grund als Grundsatz, als principium reddendae rationis sufficientis zur Herrschaft gelangt, gleichsam in einen noch tieferen Schlaf und in einen noch entschiedeneren Entzug des Seins als solchen zurück."[444]

Die Rede vom „Schlaf" deutet darauf hin, dass ein „Erwachen"[445] des Seins als gründendes möglich wäre. Aber zu einem unmittelbaren Erwachen kommt es in einem nun „noch tieferen Schlaf" nicht: „*Doch gerade dahin kommt es am Ende*

---

[439] Lalanne 2015 (I): 12. (Die explizite Formulierung „la raison *suffisante*" für die angeführten Phasen findet sich im „Résumé" am Schluss der Dissertation.)

[440] „Troisième Phase: L'invention du principe de la raison à rendre dans les vérités contingentes (1687–1697), | Quatrième Phase: L'invention du principe de raison suffisante dans le contexte de la querelle sur la prédestination (1698–1706), | et Cinquième Phase: Le « besoin » du principe de raison pour défendre la cause de Dieu et la « métaphysique réelle » (1707–1716)." (Lalanne 2015 (I): 12; Übers. vom Verf.)

[441] Heidegger *GA* 65: 110.

[442] Vgl. u. a. Heidegger *GA* 47: 189; *GA* 67: 167; vgl. auch Holze 1991.

[443] Heidegger *GA* 10: 81.

[444] Heidegger *GA* 10: 83.

[445] Heidegger *GA* 10: 81; *GA* 11: 40f. Anm. (39), (41) und (45), 50 Anm. (108), 93, 97, 101f.; vgl. Neumann 2009: 185.

der Incubationszeit des Satzes vom Grund nicht."[446] Daher ist für Heidegger zuerst ein „Sprung des Denkens" nötig, der sich hinter dem oben angesprochenen Wechsel der „Tonart" des Satzes „Nihil est sine ratione" verbirgt: „Der Sprung bringt das Denken ohne Brücke, d. h. ohne die Stetigkeit eines Fortschreitens, in einen anderen Bereich und in eine andere Weise des Sagens."[447] Ähnlich wie die „Gründung" verweist nun der „Sprung" auf die gleichnamige dritte Fügung der Fuge des Ereignisses in den *Beiträgen zur Philosophie*.[448]

e) Die Verfestigung des Prinzips des zureichenden Grundes in der mechanistischen Physik der Neuzeit

Heidegger hat sich wiederholt mit der mechanistisch entworfenen Physik der Neuzeit auseinandergesetzt.[449] Es soll hier nur auf Pierre Simon (Marquis de) Laplace (1749–1827) eingegangen werden.[450] Es ist kein Zufall, dass sich Laplace in seinem erstmals im Jahre 1814 erschienenen *Essai philosophique sur les Probabilités* in der berühmten Stelle vom „Laplace'schen Geist" ausdrücklich auf das *principe de la raison suffisante* von Leibniz beruft.[451] Das ganze Universum erscheint in der vollständig mechanisierten Weltordnung wie ein unendliches System von räumlichen Massenpunkten und zwischen ihnen wirkenden Kräften. Würde eine Intelligenz sie zu einem gegebenen Zeitpunkt alle kennen, so müsste es möglich sein – das ist das von Laplace aufgestellte Ideal –, den gesamten Weltprozess in Zukunft und Vergangenheit zu berechnen. Aber noch lange vor Laplace heißt es bei Leibniz in der kleinen deutschen Schrift, die von Gottschalk Eduard Guhrauer unter dem Titel „Von dem Verhängnisse"[452] herausgegeben wurde:

„Die Mathematick oder wißkunst kan solche Dinge gar schöhn erleutern, denn alles ist in der Natur mit zahl, maaß und gewicht oder krafft gleichsam abgezirkelt. […]
Hieraus siehet man nun, daß alles Mathematisch, daß ist ohnfehlbar [unfehlbar] zugehe in der ganzen weiten welt, so gar daß wenn einer eine gnugsame insicht in die inneren theile der dinge haben köndte, und dabey gedächtniß und verstand gnug hätte, umb alle umbstände vorzunehmen und in rechnung zu bringen, würde

---

[446] Heidegger *GA* 10: 81.
[447] Heidegger *GA* 10: 79.
[448] Heidegger *GA* 65: 6, 9, 225–289; vgl. Herrmann 2019a: 141–167.
[449] Vgl. u. a. Heidegger *GA* 25: 29–32, 43–47; *GA* 41: 77–95; *GA* 5: 78f.; *GA* 65: 147–150; *GA* 7: 37–65; *GA* 76: 62, 172–182, 209f.; *GA* 89: 117–119, 145–161, 483–488, 583, 609–612, 638, 682–701, 808–810, 838–854.
[450] Vgl. Heidegger *GA* 76: 210.
[451] Laplace 1886: V–CLIII, VIf.
[452] Leibnitz 1838–1840 (II): 48–55, 48f.; vgl. Janke 1973.

er ein Prophet seyn und in dem gegenwärtigen das zukünfftige sehen, gleichsam als in einem Spiegel."[453]

Die Nennung von „Zahl, Maß und Gewicht" wiederum ist ein Zitat aus dem Alten Testament.[454] Für einen „beschrenckten verstand" (wie den des Menschen) aber ist es unmöglich, alle „umbstände" (Umstände) in Rechnung zu bringen.[455] Da nun all die „ohnendtlichen" (unendlichen) Dinge, aus denen die Welt besteht, „zusammenwürcken" (zusammenwirken), pflegt Leibniz, wie er selbst bemerkt, zu sagen, „eine fliege könne den ganzen Staat verändern".[456]

---

[453] Zit. nach Leibniz 1978 (VII): 117–123, 118.
[454] Buch der Weisheit (Sapientia) 11, 20; vgl. Stöcklein 1969: 68ff.
[455] Leibniz 1978 (VII): 118.
[456] Leibniz 1978 (VII): 118.

Bibliographie

Abkürzungen der Schriften von Gottfried Wilhelm Leibniz:

DM	*Discours de métaphysique* (1686)
Mon.	(Sogenannte) *Monadologie* (1714)
PNG	*Principes de la nature et de la grâce, fondés en raison* (1714)
SN	*Système nouveau de la nature et de la communication des substances, aussi bien que de l'union qu'il y a entre l'âme et le corps* (1695)
Théod.	*Essais de Théodicée sur la Bonté de Dieu, la liberté de l'Homme, et l'origine du mal* (1710)

Aristoteles (1995), *Über die Seele*, griechisch-deutsch, hg. von H. Seidl (Hamburg)

Baumgarten, A. G. (1963), *Metaphysica* (Editio VII) (Nachdr. der Ausg. Halle 1779) (Hildesheim)

Beeley, P. (1996), *Kontinuität und Mechanismus. Zur Philosophie des jungen Leibniz in ihrem ideengeschichtlichen Kontext* (Stuttgart)

Berg, R. J. (2004), ‚Schellings willenstheoretische Transformation der Identitäts-Philosophie vor dem Hintergrund der Leibnizschen Metaphysik', in: A. Lewendoski (Hg.), *Leibnizbilder im 18. und 19. Jahrhundert* (Stuttgart), 199–210

Booth, E. (2000), ‚Leibniz and Schelling', *Studia Leibnitiana* 32, 86–104

Braun, O. (Hg.) (1918), *Schellings Philosophie* (Berlin)

Bremmers, C. (2004), ‚Schriftenverzeichnis (1909–2004)' in: *Heidegger und die Anfänge seins Denkens* (*Heidegger-Jahrbuch* 1), hg. von A. Denker, H.-H. Gander, H. Zaborowski (Freiburg – München), 419–598

Bromand, J. – Kreis, G. (Hg.) (2016), *Gottesbeweise von Anselm bis Gödel* (5. Aufl. Berlin)

Buber, M. (1995), *Ich und Du*, Nachwort von B. Casper (Stuttgart)

Casper, B. (2017), *Das Dialogische Denken. Franz Rosenzweig, Ferdinand Ebner und Martin Buber*, um einen Exkurs zu Emmanuel Levinas erw. Neuausg. (Freiburg – München)

Cristin, R. (1992), ‚Rechnendes Denken und besinnendes Denken: Heidegger und die Herausforderung der Leibnizschen Monadologie am Beispiel des Satzes vom Grund', *Studia Leibnitiana* 24, 93–100

Cristin, R. (1998), *Heidegger and Leibniz. Reason and the Path*, with a foreword by H. G. Gadamer, transl. by G. Parks (Dordrecht – Boston – London)

Cristin, R. – Sakai, K. (Hg.) (2000), *Phänomenologie und Leibniz* (Freiburg – München)

Descartes (1996), *Œuvres*, publ. par C. Adam et P. Tannery, Tom. I–XI (Nouv. éd. Paris)

Figal, G. (2016), *Martin Heidegger zur Einführung* (7., vollst. überarb. Aufl. Hamburg)

Fink, E. (2004), *Sein und Mensch. Vom Wesen der ontologischen Erfahrung*, hg. von E. Schütz und F.-A. Schwarz (Studienausg. Freiburg – München)

Frisk, H. (1960–1972), *Griechisches etymologisches Wörterbuch*, Bd. I– III (Heidelberg)

Georges, K. E. (2014), *Ausführliches lateinisch-deutsches Handwörter-buch*, vollst. Neuausg. hg. von K.-M. Guth, Bd. III (E–L) (Neusatz der 8. Aufl. von 1913, Berlin)

Gloy, K. (2006), *Zeit. Eine Morphologie* (Freiburg – München)

Göldel, R. W. (1935), *Die Lehre von der Identität in der deutschen Logik-Wissenschaft seit Lotze. Ein Beitrag zur Geschichte der modernen Logik und philosophischen Systematik* (Leipzig)

Hegel, G. W. F. (2013), *Vorlesungen über die Geschichte der Philosophie III* (*Werke in 20 Bdn.* 20), Red. E. Moldenhauer und K. M. Michel (7. Aufl. Frankfurt a. M.)

GA 2 = Heidegger, M. (1977), *Sein und Zeit* (Frankfurt a. M.)

GA 3 = Heidegger, M. (1991), *Kant und das Problem der Metaphysik* (Frankfurt a. M.)

GA 4 = Heidegger, M. (2012), *Erläuterungen zu Hölderlins Dichtung* (3. Aufl. Frankfurt a. M.)

GA 5 = Heidegger, M. (1977), *Holzwege* (Frankfurt a. M.)

GA 6.1 = Heidegger, M. (1996), *Nietzsche*, Bd. I (Frankfurt a. M.)

GA 6.2 = Heidegger, M. (1997), *Nietzsche*, Bd. II (Frankfurt a. M.)

GA 7 = Heidegger, M. (2000), *Vorträge und Aufsätze* (Frankfurt a. M.)

GA 8 = Heidegger, M. (2002), *Was heißt Denken?* (Frankfurt a. M.)

GA 9 = Heidegger, M. (2004), *Wegmarken* (3. Aufl. Frankfurt a. M.)

GA 10 = Heidegger, M. (1997), *Der Satz vom Grund* (Frankfurt a. M.)

GA 11 = Heidegger, M. (2006), *Identität und Differenz* (Frankfurt a. M.)

GA 12 = Heidegger, M. (1985), *Unterwegs zur Sprache* (Frankfurt a. M.)

GA 14 = Heidegger, M. (2007), *Zur Sache des Denkens* (Frankfurt a. M.)

GA 16 = Heidegger, M. (2000), *Reden und andere Zeugnisse eines Lebensweges (1910–1976)* (Frankfurt a. M.)

GA 20 = Heidegger, M. (1994), *Prolegomena zur Geschichte des Zeitbegriffs* (3., durchges. Aufl. Frankfurt a. M.)

GA 21 = Heidegger, M. (1995), *Logik. Die Frage nach der Wahrheit* (2., durchges. Aufl. Frankfurt a. M.)

GA 23 = Heidegger, M. (2006), *Geschichte der Philosophie von Thomas von Aquin bis Kant* (Frankfurt a. M.)

GA 24 = Heidegger, M. (1997), *Die Grundprobleme der Phänomenologie* (3. Aufl. Frankfurt a. M.)

GA 25 = Heidegger, M. (1995), *Phänomenologische Interpretation von Kants Kritik der reinen Vernunft* (3. Aufl. Frankfurt a. M.)

GA 26 = Heidegger, M. (2007), *Metaphysische Anfangsgründe der Logik im Ausgang von Leibniz* (3., durchges. Aufl. Frankfurt a. M.)

GA 27 = Heidegger, M. (2001), *Einleitung in die Philosophie* (2., durchges. Aufl. Frankfurt a. M.)

GA 28 = Heidegger, M. (2011), *Der deutsche Idealismus (Fichte, Schelling, Hegel) und die philosophische Problemlage der Gegenwart* (2., unveränd. Aufl. Frankfurt a. M.)

GA 31 = Heidegger, M. (1994), *Vom Wesen der menschlichen Freiheit. Einleitung in die Philosophie* (2., durchges. Aufl. Frankfurt a. M.)

GA 33 = Heidegger, M. (2006), *Aristoteles, Metaphysik Θ 1–3. Von Wesen und Wirklichkeit der Kraft* (3., durchges. Aufl. Frankfurt a. M.)

GA 39 = Heidegger, M. (1999), *Hölderlins Hymnen „Germanien" und „Der Rhein"* (3., unveränd. Aufl. Frankfurt a. M.)

GA 41 = Heidegger, M. (1984), *Die Frage nach dem Ding. Zu Kants Lehre von den transzendentalen Grundsätzen* (Frankfurt a. M.)

GA 42 = Heidegger, M. (1988), *Schelling: Vom Wesen der menschlichen Freiheit (1809)* (Frankfurt a. M.)

GA 43 = Heidegger, M. (1985), *Nietzsche: Der Wille zur Macht als Kunst* (Frankfurt a. M.)

GA 44 = Heidegger, M. (1986), *Nietzsches metaphysische Grundstellung im abendländischen Denken. Die ewige Wiederkehr des Gleichen* (Frankfurt a. M.)

GA 47 = Heidegger, M. (1989), *Nietzsches Lehre vom Willen zur Macht als Erkenntnis* (Frankfurt a. M.)

GA 48 = Heidegger, M. (1986), *Nietzsche: Der europäische Nihilismus* (Frankfurt a. M.)

GA 49 = Heidegger, M. (2006), *Die Metaphysik des deutschen Idealismus. Zur erneuten Auslegung von Schelling: Philosophische Untersuchungen über das Wesen der menschlichen Freiheit und die damit zusammenhängenden Gegenstände (1809)* (2., durchges. Aufl. Frankfurt a. M.)

GA 53 = Heidegger, M. (1993), *Hölderlins Hymne „Der Ister"* (2. Aufl. Frankfurt a. M.)

GA 62 = Heidegger, M. (2005), *Phänomenologische Interpretationen ausgewählter Abhandlungen des Aristoteles zur Ontologie und Logik* (Frankfurt a. M.)

GA 64 = Heidegger, M. (2004), *Der Begriff der Zeit* (Frankfurt a. M.)

GA 65 = Heidegger, M. (2003), *Beiträge zur Philosophie (Vom Ereignis)* (3., unveränd. Aufl. Frankfurt a. M.)

GA 66 = Heidegger, M. (1997), *Besinnung* (Frankfurt a. M.)

GA 67 = Heidegger, M. (2018), *Metaphysik und Nihilismus. 1. Die Überwindung der Metaphysik. 2. Das Wesen des Nihilismus* (2., durchges. Aufl. Frankfurt a. M.)

GA 76 = Heidegger, M. (2009), *Leitgedanken zur Entstehung der Metaphysik, der neuzeitlichen Wissenschaft und der modernen Technik* (Frankfurt a. M.)

GA 79 = Heidegger, M. (2005), *Bremer und Freiburger Vorträge* (2., durchges. Aufl. Frankfurt a. M.)

GA 80.1 = Heidegger, M. (2016), *Vorträge*, Teil 1: *1915–1932* (Frankfurt a. M.)

GA 80.2 = Heidegger, M. (2020), *Vorträge*, Teil 2: *1935–1967* (Frankfurt a. M.)

GA 83 = Heidegger, M. (2012), *Seminare: Platon – Aristoteles – Augustinus* (Frankfurt a. M.)

GA 84.1 = Heidegger, M. (2013), *Seminare: Kant – Leibniz – Schiller*, Teil 1: *Sommersemester 1931 bis Wintersemester 1935/36* (Frankfurt a. M.)

GA 85 = Heidegger, M. (1999), *Vom Wesen der Sprache. Die Metaphysik der Sprache und die Wesung des Wortes. Zu Herders Abhandlung „Über den Ursprung der Sprache"* (Frankfurt a. M.)

GA 88 = Heidegger, M. (2008), *Seminare (Übungen) 1937/38 und 1941/42: 1. Die metaphysischen Grundstellungen des abendländischen Denkens. 2. Einübung in das philosophische Denken* (Frankfurt a. M.)

GA 89 = Heidegger, M. (2018), *Zollikoner Seminare* (Frankfurt a. M.)

GA 98 = Heidegger, M. (2018), *Anmerkungen VI–IX (Schwarze Hefte 1948/49–1951)* (Frankfurt a. M.)

Heidegger, M. – Blochmann, E. (1989), *Briefwechsel 1918–1969*, hg. von J. W. Storck (Marbach a. N.)

Heidegger, M. – Jaspers, K. (1990), *Briefwechsel 1920–1963*, hg. von W. Biemel und H. Saner (Frankfurt a. M und München – Zürich)

Held, K. (1972), ‚Das Problem der Intersubjektivität und die Idee einer phänomenologischen Transzendentalphilosophie', in: *Perspektiven transzendental-phänomenologischer Forschung*, hg. von U. Claesges und K. Held (Den Haag), 3–60

Helting, H. (1997), ‚ἀ-λήθεια-Etymologien vor Heidegger im Vergleich mit einigen Phasen der ἀ-λήθεια-Auslegung bei Heidegger', *Heidegger Studies* 13, 93–107.

Henrich, D. (1967), *Der ontologische Gottesbeweis. Sein Problem und seine Geschichte in der Neuzeit* (2., unveränd. Aufl. Tübingen)

Herrmann, F.-W. von (1964), *Die Selbstinterpretation Martin Heideggers* (Meisenheim am Glan)

Herrmann, F.-W. v. (1990), *Weg und Methode. Zur hermeneutischen Phänomenologie des seinsgeschichtlichen Denkens* (Frankfurt a. M.)

Herrmann, F.-W. v. (1991), *Heideggers „Grundprobleme der Phäno-menologie". Zur „Zweiten Hälfte" von „Sein und Zeit"* (Frankfurt a. M.)

Herrmann, F.-W. von (1994), *Wege ins Ereignis. Zu Heideggers „Beiträgen zur Philosophie"* (Frankfurt a. M.)

Herrmann, F.-W. von (2004), ‚Die innermonadische Zeitlichkeit in der Monadologie', *Perspektiven der Philosophie. Neues Jahrbuch* 30, 11–36

Herrmann, F.-W. v. (2015), *Leibniz. Metaphysik als Monadologie* (Berlin)

Herrmann, F.-W. von (2019a), *Transzendenz und Ereignis. Heideggers „Beiträge zur Philosophie (Vom Ereignis)"* (Würzburg)

Herrmann, F.-W. von (2019b), ›Sein und Zeit‹ im Licht von Heideggers ›Laufenden Anmerkungen‹. Von ›Sein und Zeit‹ zu ›Zeit und Sein‹', *Heidegger Studies* 35, 77–87

Hildebrandt, A. (2015), *Der Mensch als Eigenschaft der Freiheit: Martin Heideggers Auseinandersetzung mit der praktischen Philosophie Kants und Schellings*, Diss., Univ. Freiburg i. Br. (URL, abgerufen am 1. Juni 2020: https://www.freidok.uni-freiburg.de/data/10549)

Holze, E. (1991), *Gott als Grund der Welt im Denken des Gottfried Wilhelm Leibniz* (Stuttgart)

Homolka, W. – Heidegger, A. (Hg.) (2016), *Heidegger und der Anti-semitismus. Positionen im Widerstreit*, mit Briefen von Martin und Fritz Heidegger (Freiburg – München)

Hühn, L. – Jantzen, J. (Hg.) (2010), *Heideggers Schelling-Seminar (1927/28)* (Schellingiana 22) (Stuttgart-Bad Cannstatt)

Husserl, E. (1913), *Logische Untersuchungen*, Bd. I: *Prolegomena zur reinen Logik* (2., umgearb. Aufl. Halle a.d.S.)

Husserl, E. (1963), *Cartesianische Meditationen und Pariser Vorträge*, hg. von S. Strasser *(Husserliana*, Bd. I) (2. Aufl. Haag)

Husserl, E. (1973), *Zur Phänomenologie der Intersubjektivität. Texte aus dem Nachlaß*, 1. Teil: *1905–1920*, hg. von I. Kern (*Husserliana*, Bd. XIII) (Den Haag)

Husserl, E. (1975), *Logische Untersuchungen*, Bd. I: *Prolegomena zur reinen Logik*, Text der 1. und der 2. Aufl., hg. von E. Holenstein (*Husserliana*, Bd. XVIII) (Den Haag)

Janke, W. (1963a), *Leibniz. Die Emendation der Metaphysik* (Frankfurt a. M.)

Janke, W. (1963b), ‚Das ontologische Argument in der Frühzeit des Leibnizschen Denkens (1676–1678). Studien und Quellen zum Anfang der Leibnizschen Ontotheologie‘, *Kant-Studien* 54, 259–287

Janke, W. (1970), ‚Die Zeitlichkeit der Repräsentation. Zur Seinsfrage bei Leibniz‘, in: *Durchblicke. Martin Heidegger zum 80. Geburtstag*, hg. von V. Klostermann (Frankfurt a. M.), 255–283

Janke, W. (1973), ‚Theodizee oder Über die Freiheit des Individuums und das Verhängnis der Welt‘, *Philosophische Perspektiven – Ein Jahrbuch* 5, 57–77

Jünger, F. G. (2010), *Die Perfektion der Technik* (8., um ein Nachw. verm. Aufl. Frankfurt a. M.)

Kant (1968), *Akademie-Textausgabe* (Unveränderter photomechanischer Abdruck des Textes der von der Preußischen Akademie der Wissenschaften 1902 begonnenen Ausgabe von Kants *Gesammelten Schriften*), Bd. I–IX (Berlin)

Kauppi, R. (1960), *Über die Leibnizsche Logik. Mit besonderer Berücksichtigung des Problems der Intension und der Extension* (Helsinki)

Krüger, L. (1969), *Rationalismus und Entwurf einer universalen Logik bei Leibniz* (Frankfurt a. M.)

Lalanne, A. (2015), *Genèse et évolution du principe de raison suffisante dans l'œuvre de G. W. Leibniz*, Diss., Univ. Paris-Sorbonne 2013, Tom. I–III (Repr. Villeneuve d'Ascq)

Laplace (1886), *Œuvres complètes*, publ. sous les auspices de l'Académie des Sciences, Tom. VII: *Théorie analytique des Probabilités* (Paris)

Lee, S. M. (2008), *Die Metaphysik des Körpers bei G. W. Leibniz. Zur Konzeption der körperlichen Substanz* (Berlin)

Leibnitz (1838–1840), *Deutsche Schriften*, hg. von G. E. Guhrauer, Bd. I–II (Berlin)

Leibniz, G. W. (1954), *Principes de la nature et de la grâce fondés en raison, Principes de la philosophie ou Monadologie*, publ. intégralement d'après les manuscrits de Hanovre, Vienne et Paris et présentés d'après des « lettres inédites » par A. Robinet (Paris)

Leibniz, G. W. (1960), *Fragmente zur Logik*, ausgew., übers. und erl. von F. Schmidt (Berlin)

Leibniz, G. W. (1962), *Sämtliche Schriften und Briefe*, Reihe VI: *Philosophische Schriften*, Bd. 6: *Nouveaux Essais*, hg. von der Deutschen Akademie der Wissenschaften zu Berlin (Berlin)

Leibniz (1966), *Opuscules et fragments inédits*, extraits de manuscrits de la Bibliothèque royale de Hanovre par L. Couturat (Nachdr. der Ausg. Paris 1903) (Hildesheim)

Leibniz (1967), *Die Hauptwerke*, zusammengef. und übertr. von G. Krüger (Stuttgart)

Leibniz, G. W. (1971), *Mathematische Schriften*, hg. von C. I. Gerhardt, Bd. VI (Nachdr. der Ausg. Halle 1860) (Hildesheim – New York)

Leibniz, G. W. (1978), *Die philosophischen Schriften*, hg. von C. I. Gerhardt, Bd. I–VII (Nachdr. der Ausg. Berlin 1875–1890) (Hildesheim – New York)

Leibniz, G. W. (1980), *Sämtliche Schriften und Briefe*, Reihe VI: *Philosophische Schriften*, Bd. 3: *1672–1676*, hg. von der Akademie der Wissenschaften der DDR (Berlin)

Leibniz, G. W. (1982), *Specimen Dynamicum*, lateinisch-deutsch, hg. und übers. von H. G. Dosch, G. W. Most und E. Rudolph (Hamburg)

Leibniz, G. W. (1990), *Sämtliche Schriften und Briefe*, Reihe VI: *Philosophische Schriften*, Bd. 2: *1663–1672*, hg. von der Akademie der Wissenschaften der DDR (Durchges. Nachdr. der Erstausg. von 1966, Berlin)

Leibniz, G. W. (1995), *Fünf Schriften zur Logik und Metaphysik*, übers. und hg. von H. Herring (Durchges. und bibliogr. erg. Ausg. Stuttgart)

Leibniz, G. W. (1996a), *Hauptschriften zur Grundlegung der Philosophie*, übers. von A. Buchenau, hg. von E. Cassirer, Teil I und II (Neuausg. Hamburg)

Leibniz, G. W. (1996b), *Neue Abhandlungen über den menschlichen Verstand*, übers. von E. Cassirer (Neuausg. Hamburg)

Leibniz, G. W. (1996c), *Versuche in der Theodicée über die Güte Gottes, die Freiheit des Menschen und den Ursprung des Übels*, übers. von A. Buchenau (Neuausg. Hamburg)

Leibniz, G. W. (1999), *Sämtliche Schriften und Briefe*, Reihe VI: *Philosophische Schriften*, Bd. 4: *1677 – Juni 1690*, hg. von der Berlin-Brandenburgischen Akademie der Wissenschaften und der Akademie der Wissenschaften in Göttingen (Berlin)

Leibniz, G. W. (2014), *Monadologie und andere metaphysische Schriften*, französisch-deutsch, hg., übers. von U. J. Schneider (2., verb. Aufl. Hamburg)

Liske, M.-T. (1993), *Leibniz' Freiheitslehre. Die logisch-metaphysischen Voraussetzungen von Leibniz' Freiheitstheorie* (Hamburg)

Liske, M.-T. (2000), *Gottfried Wilhelm Leibniz* (München)

Lotze, H. (1989), *Logik. Drei Bücher vom Denken, vom Untersuchen und vom Erkennen*, Buch I: *Vom Denken (Reine Logik)*, mit dem Text der Ausg. von G. Misch neu hg. von G. Gabriel (Nachdr. der 2. Aufl. Leipzig 1928) (Hamburg)

Luckner, A. (2017), ‚Drang und Subjekt. Martin Heidegger liest die Monadologie', in: W. Li (Hg.), *300 Jahre Monadologie. Interpretation, Rezeption und Transformation* (Stuttgart), 195–204

Most, G. W. (1984), ‚Zur Entwicklung von Leibniz' *Specimen Dynamicum*', in: *Leibniz' Dynamica*, hg. von A. Heinekamp (Stuttgart), 148–163

Müller-Lauter, W. (1998–2000), *Nietzsche-Interpretationen*, Bd. I–III (Berlin – New York)

Neu, D. (1997), *Die Notwendigkeit der Gründung im Zeitalter der Dekonstruktion. Zur Gründung in Heideggers „Beiträgen zur Philosophie" unter Hinzuziehung der Derridaschen Dekonstruktion* (Berlin)

Neumann, G. (1999), *Die phänomenologische Frage nach dem Ursprung der mathematisch-naturwissenschaftlichen Raumauffassung bei Husserl und Heidegger* (Berlin)

Neumann, G. (2001), ‚Die Einheit der Natur. Leibniz' Kraftbegriff als Kritik des mechanistischen Naturverständnisses', in: *Nihil sine ratione. Mensch, Natur und Technik im Wirken von G. W. Leibniz* (VII. Internationaler Leibniz-Kongreß, Berlin, 10.–14. September 2001), hg. von H. Poser (Hannover), Vorträge 2. Teil, 881–888

Neumann, G. (2006a), ‚Heideggers frühe Parmenides-Auslegung', in: *Heidegger und die Antike*, hg. von H.-C. Günther und A. Rengakos (München), 133–173

Neumann G. (2006b), *Der Anfang der abendländischen Philosophie. Eine vergleichende Untersuchung zu den Parmenides-Auslegungen von Emil Angehrn, Günter Dux, Klaus Held und dem frühen Martin Heidegger* (Berlin)

Neumann, G. (2006c), ‚Die Möglichkeit einfühlenden Verstehens tierischer Organismen mittels analogischer Erfahrung (Apperzeption) bei Leibniz und Husserl', in: *Einheit in der Vielheit* (VIII. Internationaler Leibniz-Kongress, Hannover, 24. bis 29. Juli 2006), hg. von H. Breger, J. Herbst und S. Erdner (Hannover), Vorträge 2. Teil, 707–714

Neumann, G. (2009), ‚Der Weg ins Ereignis nach Heideggers Vortrag ›Der Satz der Identität‹', *Heidegger Studies* 25, 157–189

Neumann. G. (2011), ‚Die Frage nach dem Bewusstsein von Tieren im Ausgang von Leibniz und Husserl', in: *Natur und Subjekt* (IX. Internationaler Leibniz-Kongress, Hannover, 26. September bis 1. Oktober 2011), hg. von H. Breger, J. Herbst und S. Erdner (Hannover), Vorträge 2. Teil, 738–748.

Neumann, G. (2012), ‚Phänomenologie der Zeit und der Zeitlichkeit bei Husserl und Heidegger', in: *Heidegger und Husserl* (*Heidegger-Jahrbuch* 6), hg. von R. Bernet, A. Denker, H. Zaborowski (Freiburg – München), 153–186

Neumann, G. (2017), ‚Die Gesamtinterpretation der ›Monadologie‹ in Heideggers Leibniz-Seminar vom Wintersemester 1935/36', *Heidegger Studies* 33, 27–75.

Neumann, G. (2019a), ‚Sein und Monade. Leibniz' ›Monadologie‹ als eine Quelle Heideggers für die metaphysische Seinsfrage', *Heidegger Studies* 35, 161–174

Neumann, G. (2019b), *Der Freiheitsbegriff bei Gottfried Wilhelm Leibniz und Martin Heidegger* (Berlin)

Nicolás, J. A. – Gómez Delgado, J. M. – Escribano Cabeza, M. (eds.) (2016), *Leibniz and Hermeneutics* (Newcastle upon Tyne)

Pape, I. (1966), *Tradition und Transformation der Modalität*, Bd. I: *Möglichkeit – Unmöglichkeit* (Hamburg)

Pasqualin, C. (2019), ‚Heideggers Philosophie der Transzendenz in der Vorlesung von 1928/29', *Heidegger Studies* 35, 89–120

Pfeifer, W. (2010), *Etymologisches Wörterbuch des Deutschen* (Erarbeitet unter der Leitung von W. Pfeifer) (Lizenzausg. Koblenz)

Poser, H. (2016), *Leibniz' Philosophie. Über die Einheit von Metaphysik und Wissenschaft*, hg. von W. Li (Hamburg)

Reinhard, H. G. (2011), *Admirabilis transitus a potentia ad actum. Leibniz' Deutung des Aristotelischen Entelechiebegriffs* (Würzburg)

Robinet, A. (1976), ‚Leibniz und Heidegger: Atomzeitalter oder Informatikzeitalter?', *Studia Leibnitiana* 8, 241–256

Ropohl, H. (1936), *Das Eine und die Welt. Versuch zur Interpretation der Leibniz'schen Metaphysik* (Leipzig)

Saame, O. (1961), *Der Satz vom Grund bei Leibniz. Ein konstitutives Element seiner Philosophie und ihrer Einheit* (Mainz)

Sakai, K. (1993), ‚Zum Wandel der Leibniz-Rezeption im Denken Heideggers', *Heidegger Studies* 9, 97–124

Scheler, M. (1995), ‚Die Stellung des Menschen im Kosmos (1928)', in: M. Scheler, *Späte Schriften*, hg. von M. S. Frings (*Gesammelte Werke*, Bd. XI) (2., durchges. Aufl. Bonn), 7–71

Schlüter, J. (1979), *Heidegger und Parmenides. Ein Beitrag zu Heideggers Parmenidesauslegung und zur Vorsokratiker-Forschung* (Bonn)

Stöcklein, A. (1969), *Leitbilder der Technik. Biblische Tradition und technischer Fortschritt* (München)

Thurnher, R. (1997), *Wandlungen der Seinsfrage. Zur Krisis im Denken Heideggers nach „Sein und Zeit"* (Tübingen)

Thurnher, R. (2009), ,Zeit und Sein im Licht der Beiträge zur Philosophie', Heidegger Studies 25, 79–114

Uscatescu Barrón, J. (1992), Die Grundartikulation des Seins. Eine Untersuchung auf dem Boden der Fundamentalontologie Martin Heideggers (Würzburg)

Uscatescu Barrón, J. (2004), ,Das Wesen des Schlechten als privatio boni. Zur Frage seiner Bestimmung', Perspektiven der Philosophie. Neues Jahrbuch 30, 125–187.

Van Breda, H. L. (1971), ,Leibniz' Einfluß auf das Denken Husserls', in: Akten des Internationalen Leibniz-Kongresses (Hannover, 14.–19. November 1966), Bd. V: Geschichte der Philosophie (Wiesbaden), 124–145

Vetter, H. (Hg.) (2004), Wörterbuch der phänomenologischen Begriffe (Hamburg)

Vetter, H. (2014), Grundriss Heidegger. Ein Handbuch zu Leben und Werk (Hamburg)

Walde, A. – Hofmann, J. B. (2007–2008), Lateinisches etymologisches Wörterbuch, Bd. I–II (6., unveränd. Aufl. Heidelberg)

Wirbelauer, E. (Hg.) (2006), Die Freiburger Philosophische Fakultät 1920–1960. Mitglieder – Strukturen – Vernetzungen (Freiburg – München)

Wolff, C. (1962), Philosophia prima sive Ontologia (Gesammelte Werke, hg. und bearb. von J. École [u. a.], II. Abt., Bd. 3) (Nachdr. der 2. Aufl. Frankfurt – Leipzig 1736) (Hildesheim)

Namensregister

Anselm von Canterbury: *58*
Aristoteles: *13 Anm. 18; 25f.; 30; 32; 34 Anm. 113; 37; 42 Anm. 169; 48f.; 56; 67; 73; 76; 79 mit Anm. 381*
Augustinus, Aurelius: *36 Anm. 124; 51; 53*
Baumgarten, Alexander Gottlieb: *77*
Beeley, Philip: *85 Anm. 406*
Berg, Robert Jan: *15 Anm. 32; 21 Anm. 57*
Blochmann, Elisabeth: *11; 14*
Booth, Edward: *21 Anm. 57*
Braun, Otto: *21 Anm. 57*
Bremmers, Chris: *20f. Anm. 53; 21 Anm. 57*
Bromand, Joachim *59 Anm. 289*
Buber, Martin: *46*
Buchenau, Artur: *39*
Casper, Bernhard: *46 Anm. 192*
Clarke, Samuel: *86; 87 Anm. 421*
Couturat, Louis: *48*
Descartes, René: *21; 25f.; 33; 39 mit Anm. 149; 43; 49f.; 68f.; 71; 77*
Ebbinghaus, Julius: *20 Anm. 53*
Escribano Cabeza, Miguel: *11 Anm. 1; 25 Anm. 68*
Figal, Günter: *13 Anm. 18*
Fink, Eugen: *11; 12 Anm. 7*
Frisk, Hjalmar: *34 Anm. 111; 57 Anm. 264*
Galilei, Galileo: *81; 85*
Georges, Karl Ernst: *78 Anm. 371*
Gloy, Karen: *56 Anm. 259*
Göldel, Rolf W.: *30 Anm. 82*
Gómez Delgado, José M.: *11 Anm. 1; 25 Anm. 68*
Guhrauer, Gottschalk Eduard: *91*
Hallwachs, Wilhelm: *48f.; 51; 53; 56*
Hegel, Georg Wilhelm Friedrich: *11f.; 25; 31; 67ff.; 75*
Heidegger, Arnulf: *75 Anm. 355*
Heidegger, Fritz: *75 Anm. 355*
Held, Klaus: *45 Anm. 187*
Helting, Holger: *41 Anm. 163*
Henrich, Dieter: *58 Anm. 278*